Evangelische Familiengeschichten aus St. Aegyd

Evangelische Familiengeschichten aus St. Aegyd

Walter Pusch

mit Beiträgen von Volker M. Schlacht und Karl Schwarz

Herausgegeben 2003 anlässlich
100 Jahre Evangelische Waldkirche St. Aegyd a.N.

EVANGELISCHER PRESSEVERBAND

Gedruckt mit freundlicher Unterstützung des/der:

Evangelischen Bundes in Österreich
Kulturabteilung des Landes Niederösterreich
Marktgemeinde Hohenberg
Marktgemeinde St. Aegyd a. N.

Impressum

Herausgegeben von der Evangelischen Pfarrgemeinde A. und H.B. St. Aegyd am Neuwald
im Evangelischen Presseverband in Österreich

Titelfoto: Archiv Mühlbauer
Zeichnung: Waldkirche St. Aegyd
Fotografien ohne Nachweisangabe beim Bild: W. Pusch

Satz & Covergestaltung: D. Hofstötter
Verlags- und Herstellungsort: Wien

Wien 2003

ISBN: 3-85073-012-3

Dank

Der Autor dankt allen, die Idee, Umsetzung und Herausgabe dieses Buches ermöglicht haben:

Zuerst denen, die ihre privaten Unterlagen und Erinnerungen zur Verfügung stellten und damit Teile aus ihrem Privatleben öffentlich machen. Ihre Namen sind im Literatur- und Quellenverzeichnis angeführt.

Besonders danken möchte ich auch Herrn a.o. Prof. Dr. Karl Schwarz von der Universität Wien für außerordentlich wertvolle Hinweise und die Durchsicht von Textteilen sowie seinen Beitrag zur Objektivierung von noch immer unbewältigter Vergangenheit vor 1946.

Herrn Pfarrer Mag. Volker Mathias Schlacht danke ich für seinen sehr persönlichen Beitrag zum besseren Verständnis der architektonischen Gestaltung der Waldkirche durch Josef Hoffmann.

Mag. Brigitte und Dipl.-Ing. Hans Kretz haben mir dankenswerter Weise geholfen, die familiären Verknüpfungen der „Sommerfrischenfamilien" zu strukturieren. Durch ihr Gegenlesen von Textteilen halfen sie diese besser abzusichern.

Dankbar bin ich meiner Frau, Asta Pusch, die mir bei dieser Arbeit eine besondere Stütze war.

Mein Dank gilt auch dem Presbyterium der Evangelischen Pfarrgemeinde St. Aegyd a.N., das mich zu dieser Arbeit angeregt und die Herausgeberschaft übernommen hat.

Herrn Superintendenten Mag. Paul Weiland danke ich für seine ermutigende Begleitung und seinen aktiven Einsatz bei Förderern.

Lilienfeld, im April 2003

Dipl.-Ing. Walter Pusch

Inhaltsverzeichnis

Vorwort

Ein schöner und angemessener Gottesdienstraum und auch ein kulturelles Kleinod, das ist das Waldkirchlein in St. Aegyd. Jetzt ist es 100 Jahre alt. Ein Grund sich zu freuen, zu feiern und dankbar zu sein.

Gerne übermittle ich als Superintendent meine herzlichen Glück- und Segenswünsche zum Jubiläum, das Anlass für die Herausgabe dieser Festschrift ist. Mögen so wie im vergangenen Jahrhundert auch in den kommenden Jahrzehnten die Menschen bei ihrem Besuch in der Kirche erfahren:

„Siehe da, die Hütte Gottes bei den Menschen! Und er wird bei ihnen wohnen, und sie werden sein Volk sein, und er selbst, Gott mit ihnen, wird ihr Gott sein." (Offenbarung 21,3)

Die Geschichte einer Pfarrgemeinde oder einer Kirche hat vielfältige Aspekte. Ein Schwerpunkt sind immer die Menschen, die hier gelebt haben und leben. Darum ist es nicht nur interessant, sondern auch sinnvoll, einmal diesen Aspekt herauszugreifen und die Geschichte beispielhaft und ausschnittsweise anhand von Familiengeschichten darzustellen.

Wie Menschen ihr Leben gestaltet haben und was sie erlebt haben, wird immer unter den Gesichtspunkten der Bruchstückhaftigkeit, der Halbheit und der Notwendigkeit der Vergebung stehen. Lebensgeschichten im Schatten der Waldkirche geht es nicht anders. Sie können für uns Beispiel sein, manchmal werden sie auch Mahnung oder Warnung sein. Jedenfalls können sie uns helfen, Vergangenes besser einzuordnen.

So wünsche ich dem Buch eine gute Verbreitung und der Waldkirche, dass viele Menschen in ihr finden, was ein Leben sinnvoll macht: das Wort Gottes, die Kraft der Liebe und die Erfahrung der Vergebung.

Mag. Paul Weiland
Superintendent von Niederösterreich

Einleitung

„Damit sie nicht verloren gehen" wurden Evangelische Familiengeschichten aus St. Aegyd hier aufgezeichnet. Es ist keine Chronik der Evangelischen in oder um St. Aegyd, denn darüber gibt es schon gedruckte Schriften und Beiträge. Es sind Geschichten, die das Alltagsleben schrieb, vor allem zu Beginn des 20. Jahrhunderts. Sie haben aber ihre Auswirkungen bis heute. Das Umfeld der Arbeitswelt und Gesellschaft, in der sich diese Geschichten zutrugen, ist in diesem Buch skizziert.

Der Bezirk Lilienfeld, in dem St. Aegyd liegt, ist der waldreichste Bezirk Österreichs. Seine Berge, Bergwälder, Täler, Bäche und Flüsse waren die Voraussetzung für die frühe Industrialisierung, die bereits zu Ende des 18. Jahrhunderts einsetzte. Zu Beginn des 20. Jahrhunderts sammelten sich Nachkommen jener Holzknechtfamilien, die Mitte des 18. Jahrhunderts aus der Dachsteinregion zugewandert waren – zusammen mit Mittelstandsfamilien und Industriellen – um die evangelische Predigtstelle St. Aegyd. 1927 wurde aus der Predigtstelle eine selbständige Pfarrgemeinde, die schon damals den Großteil des politischen Bezirkes Lilienfeld umfasste, u.a. die politischen Gemeinden St. Aegyd, Türnitz, Hohenberg, Lilienfeld, Traisen, St.Veit, Hainfeld und Kleinzell. Zu Beginn des 20. Jahrhunderts lebten die „Evangelischen" schwerpunktsmäßig in St. Aegyd, bis Ende des Jahrhunderts hatte sich der Schwerpunkt in den Raum Traisen – Lilienfeld – St. Veit verschoben. Dies ist eine Auswirkung des Strukturwandels von der früher sehr personalintensiven Forstwirtschaft in den Bergwäldern über die Industriegesellschaft zur Dienstleistungsgesellschaft. Die Bewohner der Region mussten sich diesen Bedingungen anpassen.

Zu den angeführten wirtschaftlichen Veränderungen kamen politische und kulturelle Umwälzungen, die für das Leben auch der „Kleinen Leute" existenzbestimmend waren. Not und Entbehrung, Verirrungen und falsche Hoffnungen sind den „Kleineren" und den „Größeren" nicht erspart geblieben. Die Beschreibung des Alltagslebens ist die Absicht dieses Buches, eines Alltagslebens, nach dem erfahrungsgemäß viele der nach dem 2. Weltkrieg Geborenen erst zu fragen beginnen, wenn die Urgroßeltern und Großeltern verstorben sind. Auch die moderne Kunst, die als sezessionsistischer Jugendstil mit der Bautätigkeit der Familie Wittgenstein in St. Aegyd und Hohenberg Einzug hielt, brauchte fast zwei Generationen, bis sie von breiten Kreisen als Kunst erkannt und verstanden wurde.

Die Generationen vor dem 2. Weltkrieg waren sehr oft dazu gezwungen, weniger, aber gründlicher zu lernen, und das, was sie sahen, in ein zusammenpassendes System zu bringen. Wie schwierig dies ist, sieht man an dem herausragenden Waldschulmeister Heinrich Kinzelmann, der an der praktischen Beurteilung des Nationalsozialismus scheiterte. Er geriet zwar immer wieder in Widersprüche mit dem, was er wusste und empfand, und dem, was der Nationalsozialismus vertrat, zog aber keine Konsequenzen daraus.

In diesen Geschichten begegnen wir auch vier evangelischen Mittelstandsfamilien, die ihre jahrelange gemeinsame Sommerfrische in St. Aegyd sehr genossen haben. Daraus entwickelte sich eine Familienfreundschaft über Generationen, die für die evangelische Kirche Österreichs bedeutsam wurde und auch ein Beispiel für die Verbundenheit ihrer Mitarbeiter ist.

Die moderne Zeit drang mit der Industrie, vor allem mit der Familie Wittgenstein, in das obere Traisental. Als diese Zeit die Erschütterungen des 1. Weltkrieges dann Hunger und Inflation mit sich brachte, wurde gefühlsmäßig „modern" als unerwünscht empfunden.

Im Rahmen dieser Arbeit konnte und sollte nur einem begrenzten Kreis von Menschen nachgegangen werden. Sie aber sind Beispiele für Familiengeschichten in der Zeitgeschichte. Diese Zeitgeschichte reicht weit über St. Aegyd hinaus. Als Nachfahren der Generation, die um 1903 die Waldkirche in St. Aegyd ermöglichte, baute und mit Leben füllte, können wir nur dankbar sein für die Aufbauarbeit, die geleistet wurde und für die Waldkirche, dieses künstlerische Kleinod, das uns hinterlassen wurde.

Der „Raxkönig"
und die Stammfamilie Edelbacher
der Evangelischen Gemeinde St. Aegyd

Der „Raxkönig" als Stammvater der Familie Edelbacher – Mathias Edelbacher, Pass-
knecht im Alltag der Holzknechte – Mutter Anna Edelbacher, „Passknechtfrau" –
Aufwachsen in der Waldhütt bei der Milli-Tant – Lebensräume der Kinder
und Enkel – Stammtafel für die Enkel zurück bis zum 18. Jhdt.

Die Geschichte der evangelischen Holzknechte im Bereich Ötscher – Mitterbach – Walster – Ulreichsberg – Kernhof – Lahnsattel – Neuwald – Naßwald – Rax reicht bis 1757 zurück. Damals kamen zunächst als Saisonarbeiter
Holzknechte aus Gosau, dann aus Schladming, Ramsau, Goisern, – Ortschaf-
ten, die um den Dachstein angeordnet sind – in die niederösterreichisch-
steirischen Kalkalpen. Sie waren Spezialisten in der Holzarbeit – und – Ge-
heimprotestanten.

Im Sommer 1747 wanderten ungefähr 60 Holzknechte aus Gosau in die
Urwaldwildnis des Ötschers, da die Nutzung des Holzes aus dem Berg-
wald durch den großen Energiebedarf der Eisenverarbeitung und der Stadt
Wien interessant wurde. Das Holz wurde als Brennholz direkt und für Holzkohle vermarktet. Der billigste Transportweg war der Wasserweg, d.h. das
„Schwemmen" oder „Triften" in den Gebirgsbächen, das Flößen und der
Schiffstransport. Für die „Trift" konnten die Wasserläufe von Erlauf, Sal-
za, Traisen, Wiesenbach, Nassbach, Preinbach und Schwarza (Höllental) genutzt werden, die Mürz war für das genannte Absatzgebiet weniger geeignet,
da von Mürzzuschlag bis Wiener Neustadt, dem Beginn des Schiffahrtska-
nals nach Wien, der Fuhrwerkstransport über den Semmering nötig gewesen
wäre. Fachkräfte für die Schlägerungs- und Bringungsarbeit im Gebirgswald
gab es im Bereichen der Herrschaften Hoyos (Hohenberg) und des Stiftes Lilienfeld kaum. Daher warb Franz Josef Giegl aus Oberwölbling bei St. Pölten
für seinen Vertrag mit dem Stift Lilienfeld Fachkräfte aus der Dachsteinre-

gion an. Er hatte sich ja verpflichtet, gegen einen Arbeitslohn von 48 Kreuzern je Klafter (ca. 3,34 Raummeter) Brennholz die Schlägerung und Bringung bis zum Triftplatz durchzuführen. Reich konnten die Holzknechte mit diesem Lohn nicht werden: 1757 verdienten die in 13 „Passen" arbeitenden 114 Mann für eine Leistung von ca 46.000 Raummetern 10.730 Gulden, das sind weniger als 100 Gulden je Mann und Jahr oder ungefähr ein Kilogramm Rindfleisch je Arbeitstag (ein Diener im k.k. Commercial-Hof-Rat erhielt 1760 300 Gulden pro Jahr, ein Heizer 50 Gulden). Von diesem Verdienst mussten sie Werkzeug und Verpflegung bezahlen und ihre Familie versorgen. Inzwischen lebten sie mit ihren Familien in Streusiedlungen im Wald, hatten auf dem Grund des Grundeigentümers „Luftkeuschen" errichten dürfen, die ihnen auf die Dauer von 99 Jahren zur Nutzung zur Verfügung standen. In der Regierungszeit von Kaiser Franz (1792–1835) waren diese Holzknechte vom (15 Jahre dauernden) Kriegsdienst befreit.

Die Holzarbeit in der Region Gosau/Goisern war ebenfalls sehr stark auf Brennholz abgestimmt, da dieses für die Salzsudhütten des Salzkammergutes benötigt wurde. Vor allem der Transport auf dem Wasserweg, das Triften und Flößen, wurden dort auch angewandt. Zwei dieser Gosauer sind besonders berühmt geworden: die Brüder Hans (*1753,+1799) und Georg (*1755,+1833) Hubmer. Wegen ihres besonderen Geschicks und ihrer Erfahrung kamen sie 1779 nach Reichenau an der Rax, um die Wasserläufe Preinbach – Naßbach – Höllental für die Holzbringung zu erschließen. 1782 zogen sie eine größere Gruppe ihrer Landsleute nach Nasswald. Einen Meilenstein in der Entwicklung des Forstwesens setzte Georg Hubmer mit seinem Schwemm-Tunnel am Gscheidl (450 m lang, lichte Weite 3,8 mal 3,8 m; Bauzeit 1822 bis 1827) durch den das Holz mit Schmelzwasser aus dem Einzugsgebiet der Mürz bei Neuwald über die natürliche Wasserscheide zum Preinbach-Höllental gebracht werden konnte. Nach dem frühen Tod von Hans war Georg Hubmer zum Vater der Naßwalder Holzknechte geworden. Er war ihre fachliche und menschliche Autorität, persönlich bescheiden, aber auch eigensinnig und beharrlich: Er hat durchgesetzt, dass die Fenster des evangelischen Bethauses in Naßwald, obwohl dies gesetzlich damals verboten war, „rund" gebaut wurden und zuletzt auch „rund" bleiben durften. Die Holzknechte nannten Georg Hubmer den „Raxkönig".

Stammvater der späteren evangelischen Pfarrgemeinde St. Aegyd ist Holzknecht Mathias Edelbacher, geboren 1841 in der Holzknecht-Streusiedlung

Haus Kernhof, Thalerl 37, in der „Waldhütt" (abgerissen ca. 1970)
Evang. Pfarramt Traisen

Ulreichsberg, eigentlich von den Nachbarsiedlungen (z.B. St. Aegyd, Mitterbach, Annaberg, Halltal) jeweils drei Wegstunden entfernt. Sein Vater war Holzknecht, ist in Lackenhof am Ötscher geboren, seine Mutter in Gosau. Da es ab 1838 einen regelmäßigen Unterricht in der evangelischen Privatschule Ulreichsberg, – die von den Holzknechten erhalten wurde – gegeben hat, ist Mathias wohl vom Schulmeister Arnold Arndt (1844 bis 1866 Lehrer und Schulleiter in Ulreichsberg) unterrichtet worden. Am 5.10.1873 heiratete er in Mitterbach am Erlaufsee Anna Kirchschlager, geboren 1853 in Weidenau/Türnitz. Unter Annas Urgroßeltern waren Georg und Maria Hubmer aus Gosau. Dieser Georg Hubmer ist der bereits erwähnte „Raxkönig". Im Alter von ungefähr 33 Jahren übersiedelte Mathias Edelbacher mit seiner Frau Anna und den ersten zwei Kindern (Rosalie *1871, Alexander *1875) nach Kernhof-St. Aegyd in das Haus „In der Waldhütt 14", später Thalerl 14. Der Arbeitgeber und Hauseigentümer war Graf Hoyos.

Obwohl Mathias Edelbacher mit Georg Hubmer nicht verwandt ist, hat er doch eine Reihe hervorragender Eigenschaften mit ihm gemeinsam: fachliche und menschliche Kompetenz und Autorität, Verantwortung für die, die ihm anvertraut sind, und unerschütterliche Treue zu seinem evangelischen Glauben. Ab 12. Juli 1896 finden unter „seinem" Dach die ersten öffentlichen Gottesdienste nach der Reformationszeit im Bereich der heutigen Pfarrgemeinde St. Aegyd statt, die Mitglieder der Familie Edelbacher waren die treuesten Besucher. Mathias Edelbacher

Passknecht Mathias Edelbacher (Sterbebildchen)
Archiv Raymann

wird ehrenamtlicher Mitarbeiter der Pfarrgemeinde St. Pölten und Mitglied des Predigtstationsausschusses St. Aegyd. Als 1902 der Kirchbau beschlossen wird, sammelt er 14 Kronen an Spenden, und das war für die Holzknechte viel Geld. Vielen Familienmitgliedern wurde das Haus Thalerl 14 durch Jahrzehnte zur Heimat und Zuflucht, zunächst bis 1917 von seiner Frau Anna Edelbacher, dann von ihrer Tochter Ludmilla betreut. Das war nur möglich, weil, so wie es Heinrich Kinzelmann an anderer Stelle beschreibt, die Holzknechtfrauen mit ihrem Fleiß und ihrer Tüchtigkeit in der Viehwirtschaft wesentlich dazu beitrugen, eine große Familie zu ernähren.

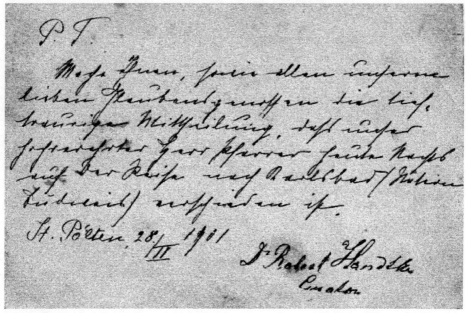

Mathias Edelbacher wird als Gemeindepfleger vom Kurator über den Tod des Pfarrers Petersen benachrichtigt (1901).   Archiv Mühlbauer

Der von Kinzelmann erwähnte bescheidene Wohlstand mancher Holzknechtfamilien konnte nur erreicht werden, wenn die Frauen die Möglichkeit zur Viehwirtschaft nutzten und auch mit Gemüse – und so weit möglich auch mit Getreideanbau die Familie ernährten, die Männer tüchtige Holzknechte waren und ihren Verdienst nicht vertranken.

Mathias Edelbacher
Passknecht im Alltag der Holzknechte

Bis in die Zeit nach dem 2. Weltkrieg arbeiteten die Holzknechte im Gebirge vor allem in Arbeitsgruppen, den „Passen", von bis über zehn Leuten. Ihre Aufgabe war vor allem das Schlägern und „Bringen" des Holzes im Wald bis zum Fuhrwerk. Die Wiederaufforstung war anders organisiert. Zu den Aufgaben der Arbeitsgruppen unter dem „Raxkönig" zählte darüber hinaus der Holztransport auf dem Wasserweg vor allem durch „Schwemmen" (Schwemm-Meister) oder Triften. Der forstliche Wegebau und die weitere Motorisierung von der Motorsäge bis zur Kleinseilbahn führte zu kleineren Arbeitsgruppen. Statt der früher praktisch ausschließlichen Groß-Kahlschläge mit vielen unerwünschten Nebenerscheinungen ist der Plentnerwald, d.h. die sukzessive Nutzung schlagreifer Bäume, nun eher möglich. Damit ist ein tiefgreifender Wandel eingetreten, vor allem ist es schon seit der Moped- und Traktorzeit nicht mehr nötig gewesen, dass die (weniger gewordenen) Holzarbeiter möglichst nahe der zukünftigen Arbeitsstellen, der Schläge, wohnen. Früher hatten sie trotz des verstreuten Wohnens im Walde noch wöchentlich mehrstündige Fußmärsche mit Werkzeugen und Wochenverpflegung zur und von der Arbeit. Sie hatten die Arbeitswoche sehr oft von Montag bis Samstag in einfachen Unterständen weit entfernt von der Familie zu leben, zu schlafen und zu kochen. Die Auswirkung der Strukturänderung durch Mechanisierung auf die Besiedlung der alten Holzknechtdörfer hat O. Mörtl für 1988 an den Beispielen für Lahnsattel, Terz, Neuwald und Gscheidl eindrucksvoll darge-

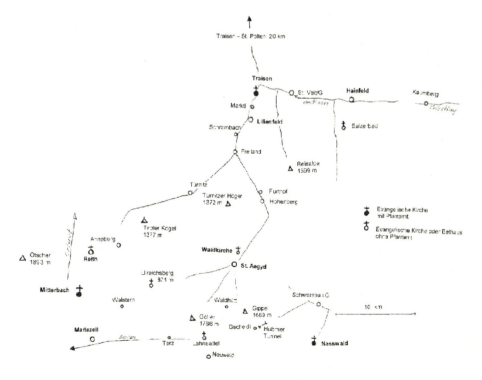

stellt. Durch Mechanisierung musste nach dem 2. Weltkrieg die Produktivität, d.h. die je Holzarbeiterstunde produzierte Holzmenge gewaltig gesteigert werden, weil ja das Holz aus den Gebirgswäldern mit dem aus leichter mechanisierbaren Waldgebieten (z.B. Schweden, Russland) konkurrieren musste.

Der klassische Passknecht hatte die Schlüsselposition zwischen der Arbeitsgruppe im Wald und dem Arbeitgeber, also dem Waldbesitzer, vertreten durch Förster oder später auch Holzmeister, einzunehmen. Gearbeitet wurde typischerweise im Akkord: Es wurden Geldbeträge oder Arbeitsstunden für bestimmte Leistungen vereinbart, etwa für Schlägerung und Bringung eines bestimmten Waldabschnittes. Abgerechnet wurde dann nach „Festmetern" (Kubikmetern) für Blochholz oder „Raummetern" (früher Klaftern) geschlichtetes Brennholz. Der Passknecht war derjenige, mit dem der „Preis" zuvor vereinbart wurde.

Im Gebirgswald war eine Holzknechtpass eine selbständig wirkende Arbeitsgruppe, war sie doch etliche Stunden weit weg vom nächsten Haus, von der nächsten „Försterkanzlei" oder der nächsten Siedlung. Der Passknecht teilte die Arbeit auf, bestimmte Beginn und Ende von Arbeitszeit und Arbeitspausen. Er musste eine hohe Autorität auf vielerlei Gebieten besitzen: Berufserfahrung und technisches Können, Menschenführung und Verantwortung. Nur so konnte er bester Mitarbeiter und Chef der Gruppe sein, mit der er das gleiche Verdienstrisiko, die rauhe und anstrengende Arbeit bei Regen und Schnee, bei Nässe, bei Hitze und Kälte, die Unwägbarkeiten des Arbeitens und Lebens unter freiem Himmel teilte.

Woher der Ausdruck „Pass" für diese Arbeitsgruppen kommt, ist nicht klar. Viel spricht wohl dafür, dass er mit „Zusammenpassen" zu tun hat. Die einzelnen Mitglieder müssen zusammenpassen, es muss die Leistungsfähigkeit aller ausgeglichen sein oder sich augenfällig ergänzen. Es musste auch ein gutes zwischenmenschliches Klima vorhanden sein. Kameradschaftsdiebstahl führte zum Ausschluss aus der Pass. Der Passknecht war morgens als erster auf und legte sich als letzter nieder. Er betete in der Früh und am Abend mit seinen Leuten. Er wartete die Werkzeuge der ganzen Gruppe, z.B. feilte und schränkte er die Sägen, schärfte die Äxte (in einer Pass waren mehr Typen von Werkzeugen nötig als ein einzelner Holzknecht tragen oder besitzen konnte: etwa vier Arten von Handsägen, sechs verschiedene Äxte, sowie Sappel, Griesbeil, Entrindungswerkzeuge, Keile, Hauen und Messwerkzeuge).

Trotz dieser hohen Anforderungen hatten auch Passknechte, so wie die anderen Holzknechte, keine geregelte Berufsausbildung. Diese kam erst 1952, mit Lehrzeit, Gehilfenprüfung, Facharbeiterprüfung nach drei weiteren Praxisjahren und systematischer Weiterbildung, Möglichkeit der Fortbildung und nach weiteren vier Jahren als Abschluss der „Holzmeister". So ein „Holzmeister" wäre wohl Mathias Edelbacher gewesen, der als Absolvent der evangelischen Privatschule Ulreichsberg (noch ohne Öffentlichkeitsrecht) sich sein weiteres Wissen und Können durch – wie wir heute sagen – „Learning by Doing" in der Praxis angeeignet hat. Sicher hatten bewusst oder unbewusst auch seine Vorfahren Kenntnisse und Verhaltensmuster von Generation zu Generation an ihn weitergegeben. Zu diesen speziellen Kenntnissen zählte auch das Lesen in der Bibel, das einen ganz festen Platz in seinem Leben einnahm.

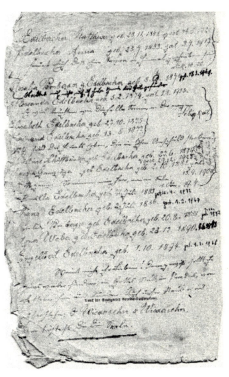

Konfirmationsbibel von Ludmilla Edelbacher mit ihren Eintragungen über ihre Eltern und Geschwister, einzelne Daten nachgetragen von C.Mühlbauer.   Archiv Mühlbauer

Mutter Anna Edelbacher, geb. Kirchschlager
(1853–1917) – Passknechtfrau

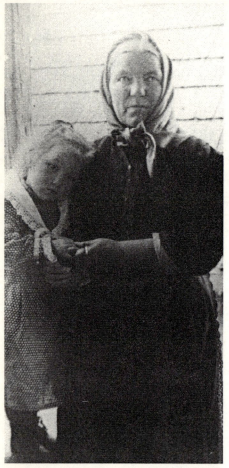

Anna Edelbacher mit ihrer Enkelin Luise Schiffbänker, ca. 1913   Evang. Pfarramt Traisen

Für die Beerdigung von Anna Edelbacher 1917 reiste Pfarrer Hans Jaquemar, der sich mit allem, was die St. Aegyder Gemeinde betrifft, innig verbunden fühlt, nach St. Aegyd und führte aus:

„Als ich die Nachricht erhielt: ‚Mutter Edel-bacher ist gestorben‘ – da war es mir so ganz selbstverständlich, ich müsse mein Kommen möglich machen; es müßten alle die hier teilnehmen, welche sich durch die Liebe zur Heimgegangenen bei allem äußerlichen Getrenntsein untereinander verbunden wissen ... Mutter Edelbacher! Eine einfache, schlichte Frau. Eine echt mütterliche Persönlichkeit in ihrem ganzen Wesen ... Wie hat sie doch alles zusammengehalten ... Wie hat sie da den Zusammenhang und Zusammenhalt zu erhalten gesucht ...Wer wird nun an ihre Stelle treten? Sie war ein Sammelpunkt, ihr Haus eine Stätte für all die verstreut wohnenden Protestanten im Gippelgebiet. Die ersten evangelischen Gottesdienste dieses Tales sind in ihrem Haus gehalten worden. ... und als wir miteinander die erste Weihnachtsfeier im Waldkirchlein hielten, wie saß sie glückstrahlenden Auges da, wie eine Mutter der Gemeinde! ... Nicht Amt noch Dienst noch Pflicht hat mich heute hierher geführt, sondern die Liebe zu meiner ehemaligen Gemeinde St. Aegyd, als Euer früherer Seelsorger.“

Als 1874 Anna und Mathias Edelbacher mit ihren beiden Kleinkindern Rosalia und Alexander von Ulreichsberg kommend in das „Edelbacherhaus" in Kernhof – Thalerl zogen, war dies kein durchschnittliches Holzknechthaus, keine Luftkeusche. Es gehörte dem Grundherrn, Graf Hoyos, und es war überdurchschnittlich groß. Ähnlich der „Kasernen", in denen frisch zugezogene Holzknechte im 18. Jhdt. unter der Organisation einer Holzknechtfrau untergebracht wurden, sollte es wohl Unterkunft für eine Holzknecht-pass oder einen Teil derselben sein. Vermutlich war das mit ein Grund für die anfängliche Ablehnung des Zuzuges Evangelischer durch benachbarte rö-misch-katholische Bauern. Es ist überliefert, dass Graf Hoyos solche Interventionen abwies und meinte, es wäre seine Sache, wen er einstelle. Nicht nur bei Bauern, auch bei Handwerkern und frühen Industrien (z.B auch bei den ers-

Haus Kernhof mit Frau Wagner, Ludmilla Edelbacher und Cilli Pomberger ca. 1932

Archiv Raymann

ten Feilenschmieden in Hohenberg-Furthof) war es durchaus üblich, dass eine Arbeitsstelle mit dem Wohnen im Haus des Chefs verbunden war. Die Handwerkersgattin, die das Leben im Haus trug und organisierte, wurde nicht ohne Respekt „Frau" genannt. Ähnlich dem Berufsbild des Passknechtes erforderte die Tätigkeit als „Frau" Sachkenntnis, Tüchtigkeit, Fleiß – vor allem in der Vieh- und Hauswirtschaft – und natürliche Autorität.

Anna und Mathias Edelbacher waren Mutter und Vater einer großen Familie: Es gab neun heranwachsende Kinder, geboren zwischen 1871 und 1894, zwei weitere starben kurz nach der Geburt (1875 und 1877). Auch als die Kinder erwachsen geworden waren und teilweise das Haus schon verlassen hatten, wurde die Familie nicht kleiner: Die drei Söhne (Alexander, Johann

Vor dem Eingang ins „Edelbacher-Haus", ca. 1914: Mathias Edelbacher, dahinter Engelbert Edelbacher, Alexander Gamsjäger, Johann Gamsjäger, Ludmilla Edelbacher, Adolf Gamsjäger, Luise Schiffbänker, Cäcilia Pomberger, Christine Edelbacher, dahinter Anna Edelbacher.

Archiv Mühlbauer

Taufe des Edelbacher-Enkelkindes Rosalie Pomberger, Mai 1913 mit Alexander Edelbacher, Frau Perrer, Engelbert Edelbacher, Täufling, Ferdinand Pomberger (Vater des Täuflings), Pfarrer Färber (Bewerber um die frei werdende Pfarrstelle), Anna Edelbacher, Mathias Edelbacher.

Archiv Mühlbauer

und Adolf) der Tochter Theresia, verh. Gamsjäger, wurden nach dem tragischen Tod des Vaters und dem frühen Tod von Theresia in das „Edelbacherhaus" aufgenommen, ebenso das Enkelkind Christine. Aber das Haus war nicht nur für die Familie offen: Es gibt ein Photo, auf dem zu sehen ist, dass die „Sommerfrischengemeinde" mit ungefähr 20 Personen zu Besuch bei Familie Edelbacher war.

Als Anna Edelbacher starb, lebten von ihren neun herangewachsenen Kindern noch sieben. Tochter Theresia hatte 1905 ihren Mann, Ignaz Gamsjäger, durch einen Arbeitsunfall verloren: Er arbeitete im Werk St. Aegyd, sein Arbeitsschurz wurde von einer „Transmission" – vermutlich Riementrieb – erfasst, Ignaz zur Hallendecke hochgeschleudert und tödlich verletzt. (Die Erfahrung der Holzknechte mit der bestimmt nicht weniger gefährlichen Arbeit bei Holzschlägerung und Holzbringung schützte sie vor solchen typisch frühindustriellen Unfällen nicht). Theresia selbst war im 27. Lebensjahr 1908 verstorben. Ihr 4. Kind, Leo, geboren 1907, wurde in der Familie des leiblichen Vaters aufgezogen. Sohn Alexander (1874–1915) war zum Militärdienst eingezogen und ist 1915 in Galizien von einem Schrapnell zerfetzt worden.

Im Seilwerk der St. Egydier, vor 1905 (?)   Archiv Ketelaars

Von den Enkelkindern lebten damals 24, eines war im Alter von drei Wochen verstorben. 1917 waren diese Enkelkinder 21 Jahre bis vier Monate alt, das älteste Urenkelkind war zwei Jahre alt. Beim Begräbnis von Anna Edelbacher fragte Pfarrer Jaquemar, wer wohl die Nachfolge als Hausmutter, die der Familie Wärme und Zusammenhalt gibt, antreten werde. Die Nachfolgerin war ihre Tochter Ludmilla (*1883), die Mutter der bereits im Hause lebenden Christine.

Aufwachsen in der Waldhütt bei der Milli-Tant
um 1930

Zu Besuch bei der Milli-Tant, zu ihrem 80-er (1963): Theresia Buchmayer, Lieselotte Schnabl, Cäcilia Pomberger, Leopold Weber, Elisabeth Wunder, Ludmilla Edelbacher, Sup. Mauer, Christine Wunder, Johann Wunder, Engelbert Edelbacher, Regine Edelbacher, Isidor Wunder, Pfarrer Stroh, Franz Edelbacher   Archiv Raymann

Ludmilla Edelbacher (1883–1972), die „Milli-Tant", hatte 1917 die Nachfolge ihrer Mutter als „Frau" in der Waldhütt, Kernhof, Thalerl 14, angetreten. Wie aus der Grundrissskizze und der Beschreibung dazu hervorgeht, war es ein großes Haus, über Generationen von zahlreichen Edelbacher-Familienmitgliedern und einge-

mieteten Gästen bewohnt. Noch Anna und Mathias Edelbacher hatten die drei zu Waisen gewordenen Enkel Alexander, Johann und Adolf Gamsjäger aufgenommen, auch die Enkelin Luise, als eines der elf Schiffbänker-Kinder, weil die schwangere Mutter mit der Versorgung des gerade erkrankten Kleinkindes überfordert war. Ludmilla Edelbacher setzte diese Tradition fort und nahm die Halbwaise Zäzilia („Cilli", *1921) Pomberger quasi an Kindes statt auf. Cillis Vater war wohl an Spätfolgen seiner Teilnahme am 1. Weltkrieg 1922 verstorben und ihre Mutter Cäcilia Pomberger hatte genug Mühe ihre drei anderen Kinder Ferdinand (*1912), Theresia (*1914) und Johann

Predigten von M. Ludwig Hofacker, Stuttgart 1837:
Andachtsbuch der Familie Edelbacher, eingetragene
Namen Theresia Edelbacher (1808–1893) Mutter v.
Mathias E. sowie Mathias Edelbacher (1841–1921)
Archiv Raymann

(*1919) mit ihrem kleinen Häuschen und vor allem Gelegenheitsarbeiten wie Waschen durchzubringen. Es scheint, dass Ludmilla einen offenen Blick dafür hatte, welche ihrer Geschwister, Nichten und Neffen Hilfe dringend nötig hatten. So kamen dann in den Sommerferien immer zahlreiche Kinder aus der Verwandtschaft, bekamen die gute Milch der Kühe und wurden zur Hausandacht angehalten.

Das Haus blieb Familiensammelpunkt, auch wenn das Dachbodenzimmer meist vermietet war, wodurch das Haushaltsbudget mit dem Kostgeld aufgebessert werden konnte. Aber auch nach außen war es weiter ein offenes Haus, für die Lahnsattler am Weg zum Bahnhof und für den schwer misshandelten Schutzbündler F. Sch. im Jahr 1934, trotz des nicht reibungsfreien Verhältnisses zwischen der bewusst evangelisch-gläubigen Familie Edelbacher und militanten Freidenkern im Schutzbund.

Es wurden auf dem zum Haus gehörigen Grund und mit den in Kernhof noch dazugepachteten Wiesengrundstücken drei bis vier Kühe, nicht immer eine Ziege oder ein Schaf, ca. zwei Schweine und ca. zwölf Hühner gehalten. Drei Kühe gaben einige Sicherheit, dass es keine milchlose Zeit durch das „Trockenstehen" der Kühe gab. Diese Viehwirtschaft schaffte wohl die Lebensmittel herbei, die die große Familie brauchte. Ein typisches Mittagessen war Sauerkraut und Erdäpfel (bewusst auch wegen der Vitamine!) als Vorspeise, Sterz als Hauptspeise. Zum Abendessen gab es Rahmsuppen, Stoh-Suppen, mit Kartoffeln und auch grünen Bohnen.

Milch und Eier konnten auch an Dritte, z.B. die Arbeiter bei der Wildbachverbauung verkauft werden, wodurch es wieder möglich war, den Mehleinkauf zu finanzieren. Diese Art der traditionellen Bewirtschaftung durch die Holzknechtfrauen konnte für die Familie nur erfolgreich sein, wenn die Frauen und Töchter tüchtig waren. Ludmilla E. hat wohl dann und wann auch etwas Geld direkt verdient: als Köchin für Jagdgesellschaften des Grundherrn Graf Hoyos irgendwo weit oben in den Bergen z.B. oder im Pflanzgarten.

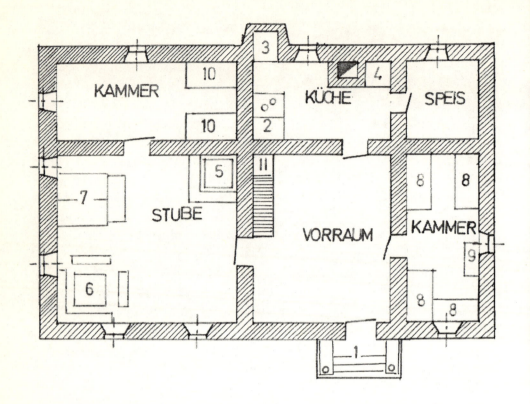

Grundriss Haus Kernhof, Versuch einer Rekonstruktion nach Aussagen von Cäcilie Mühlbauer, Leopold Weber, Lieselotte Sonnleitner und Werner Schnabl. Dieses Haus war aus Natursteinen gebaut, daher die dicken Mauern. Der Grundriss an sich ist typisch für Kleinbauernhäuser/Häusler (z.B. unter 5 ha und 3 bis 4 Kühe) im Alpenvorland.

1 Vordach mit Sitzplatz (siehe Foto S. 22 oben)
2 Küchenherd mit Wasserschiff, der Kaminanschluss erfolgte mit einem Schrägzugschlauch („Potterie") an den schliefbaren Kamin. Dieser mächtige Kamin ist auf dem Foto auf S. 15 deutlich zu sehen. Während des 2. Weltkrieges wurde dieser Kamin abgetragen, um keine „Fliegerbomben" anzulocken.
3 Backofen (es stand in der Küche auch der Backtrog, mit einer Arbeitsplatte abgedeckt).
4 Waschkessel
5 Kachelofen mit Ofenbank, nicht dargestellt das Gestänge zum Trocknen feuchter Kleidung
6 Tisch mit Sitzbänken, Herrgottswinkel
7 Doppelbett mit Diwan. Um 1930 schliefen dort Ludmilla E., Cilli P., Luise Sch.
8 Die vier Betten waren – solange sie im Hause waren – für den Kirchschlager-Onkel, die Waisen Alexander, Johann und Adolf Gamsjäger
9 Hobelbank
10 In diesen Betten schliefen 1930: Christine E., Luise Sch., allerdings nur, wenn diese Kammer nicht an die Sommer-Dauergäste vermietet war. (mehrer Jahre an Herrn und Frau Hoffmann)
11 Aufgang zum Dachboden, sehr steil, oben war ein großer, abgeteilter Schlafraum

Aber das war sehr wenig, und für die Kleidung der Kinder blieb wohl nichts übrig. Folgend früheren Traditionen um Ulreichsberg mit den gleichen Problemen gab es um 1930 einen Touristenverein Kernhof, der unter der Führung eines Wieners, eines Herrn Salzer, jährlich einige Kinder vor Weihnachten vollständig einkleidete. Auch Zäzilie war ein solches Kind. Kranken- und Pensionsversicherung gab es keine.

Die Arbeiten für das Haus wurden unter den Bewohnern verteilt: Auch der Brennholzbedarf darf nicht unterschätzt werden, diese Arbeit fiel den Männern zu. Es lebte ja lange der Kirchschlager-Onkel mit im Haus, ein verwitweter kinderloser Neffe von Anna Edelbacher. Er hatte wohl als früherer Holzknecht auch eine kleine Rente. Beim Holz arbeiteten natürlich die Gamsjäger-Buben und Schwiegersohn Hans Wunder mit. Die regelmäßige Arbeit für die Kühe, Grünfutter schneiden und einfüttern, heuen, Streu rechen (Fall-Laub aus dem Wald) und  herbeischaffen, einstreuen, tränken, putzen und melken war Frauenarbeit. Als Zäzilie 1936 die Pflichtschule hinter sich hatte, fiel ihr die Arbeit mit den Kühen zu. Zum Mähen hieß es schon um 4 Uhr mit Hans Wunder beginnen, ein Erfolgserlebnis war es, wenn die drei bis vier Kühe (die vierte Kuh konnte nur durch Zufüttern von Grünlaub-Futter gehalten werden) sauber geputzt und gut gehalten aussahen. Das Heu von den Pachtgründen in Kernhof wurde im Austausch gegen andere Arbeitsleistungen von Kernhofer Bauern zum Haus ins Thalerl gebracht. Die Schweine bekamen als Streu Farnkraut, das gesammelt werden musste. Cousine Luise arbeitete meist im Pflanzgarten. Die Hausarbeit selbst war sehr arbeitsinsiv: z.B. zum Bügeln wurden als Energiequelle Föhrenzapfen gesammelt. Einmal pro Woche war Waschtag (ohne Waschmaschine und Fließwasser).

Auch in der Waldhütt gab es für die Menschen natürliche Feinde: z.B. den Fuchs, den man wenig fürchtete, solange er den Hühnerstall des Nachbarn (Hinterbichler-Bauer) ausräumte, denn in das Edelbacher-Haus, wo doch der Jäger Wunder (der Mann von Christine Edelbacher) zu Hause sei, werde er sich wohl nicht wagen. Trotzdem hat kurz darauf der Fuchs auch den Edelbacher Hühnerstall ausgeräumt!

Nach der einklassigen Volksschule in Kernhof, die weniger als eine Stunde weit weg war, besuchte Cilli ab 1932 die Hauptschule in St. Aegyd. Der

Nach einem Gottesdienst in St. Aegyd etwa 1923. Identifiziert: Agnes Weber, Frau Perrer, Cäcilia Pomberger, Th. (?) Schiffbänker, Kurt Pomberger, Vikar Guttenberger, Fanni Pomberger, Toni Pomberger, Ehrenfried Pomberger, Leopoldine und Laura Pomberger, Theresia Pomberger, Christine Schiffbänker.   Evang. Pfarramt Traisen

Weg über die Straße war acht Kilometer lang. Bei guten Verhältnissen reichte es, wenn sie um halb sieben wegging, um zum Schulbeginn um acht Uhr in St. Aegyd zu sein. Bei Schnee konnte sie auch mit dem Zug fahren, aber dann kam sie zu spät in die Schule und musste sich das ausgelegte Fahrgeld beim Gemeindeamt zurückholen, das war eher peinlich. Der Rückweg aus der Schule wurde normalerweise ohne Verzögerung durchgeführt, darauf achtete die Milli-Tant konsequent, auch wenn er dann und wann statt über die Straße über „Rubesfang" führte. Nur, die Verzögerung, die dadurch eintrat, dass sie unterwegs eine interessante und unbekannte Raupe fand, die sie zum Vorzeigen zurück zum Lehrer brachte, war nicht einbringbar. Begleiterinnen auf dem Schulweg waren die Töchter des Forstmeisters, solange diese noch keine Fahrräder hatten. Das Mittagessen in St. Aegyd erfolgte bei der evangelischen Familie Greisinger. 1938 vermittelte der Forstmeister, der Bürgermeister von St. Aegyd geworden war, der „Haustochter im Kuhstall" Unterstützung zum Besuch der Handelsschule in St. Pölten, anschließend kam die Krankenschwesternausbildung.

Jeden zweiten Sonntag war in der evangelischen Waldkirche St. Aegyd Kindergottesdienst, und der wurde besucht, obwohl er schon um 8 h begann.

Konfirmation 1936 in St. Aegyd. Identifiziert Farthofer, Hubert Münz, Steiner, Orthofer, Pfr. Mauer, Frieda Blumauer (verh. Wallner), Cilli Pomberger, Kinzelmann, Friedl Kühtreiber (Lanzersdorfer), Illmayer.

Evang. Pfarramt Traisen

Gedicht zur Einweihung des Pfarrhauses in St. Aegyd am 27.6.1937, verfasst von Christl Edelbacher (Wunder), geschrieben und vorgetragen von Cilli Pomberger (Mühlbauer). Evang. Pfarramt Traisen

1935/36 war Konfirmandenunterricht. Ausnahmsweise war Cilli das einzige „Edelbacherkind" in der Konfirmandengruppe von acht Mädchen und fünf Burschen (1935 waren es sieben Mädchen und 13 Burschen). Zwei Mädchen wurden vom jungen Pfarrer Friedrich Mauer (Pfarrer seit 1934) in St. Aegyd unterrichtet: „Cilli" Pomberger und Friedl Kühtreiber. Alle anderen Konfirmanden dieses Jahrganges waren aus anderen Sprengeln der Gemeinde und wurden in ihren jeweiligen Sprengeln unterrichtet.

Die der Konfirmation vorausgehende Prüfung war schon aufregend, saßen doch in der vollen Kirche rechts die Männer und links die Frauen, vorne Presbyter. Das Kränzchen, das Cilli als einzige aufsetzen musste, ist ihr noch 66 Jahre später in unguter Erinnerung. Es gab auch einen Jugendkreis, den Frau Zöller, die Frau des Vorgängers von Pfarrer Mauer, betreute. Von ihr bekamen die Kinder auch Trinkschokolade, „Wasserkaukau" genannt. Pfarrer Mauer hat die Einrichtung der Jugendstunden weiter geführt. Cilli konnte bei der Einweihung des Pfarrhauses am 27. Juni 1937 das von ihrer Cousine Christine Wunder geb. Edelbacher verfasste Gedicht vortragen. Ihre Mutter Cäcilia war am 7. Juni 1903 diejenige gewesen, die den Schlüssel der neuen Kirche zur Einweihung tragen durfte!

In der Waldhütt achtete die Milli-Tant sehr darauf, dass das tägliche Abendgebet und Andachten aus Andachtsbüchern nicht vergessen wurden, auch wenn gerade jüngere Besucher allerlei Tricks dagegen anzuwenden versuchten. Sie benützte ihre Konfirmationsbibel über Jahrzehnte und machte sie zur Hausbibel, in die sie die Lebensdaten der Eltern und Geschwister mit je einem Bibelspruch eintrug. Sie setzte die aus dem Geheimprotestantismus kommende Tradition der Familie mit Hausandachten fort.

1967 starben leider Tochter Christl und Hans Wunder, die zusammen mit der Milli-Tant in der Waldhütt wohnten, und das große Haus war leer geworden. Die 84 Jahre alte Ludmilla konnte alleine in diesem Haus nicht mehr wohnen und war, da ohne eigenes Einkommen, auf die Verwandtschaft angewiesen. Eine dieser Familien hat sie zu sich genommen, in eine kleine Wohnung mit zwei heranwachsenden Buben. Diese Familie hat darüber kein Aufhebens gemacht.

Lebensräume der Kinder und Enkel

Familie Schiffbänker, ca. 1925 Franz, Stefan, Mutter Christine, Rudolf, Anna, Alexander, Leopoldine, Enkel Kornelius, Vater Leopold Schiffbänker, Theresia, Mitzi
Archiv Raymann

Die Söhne und Töchter von Anna und Mathias Edelbacher haben den gewohnten Lebensraum noch nicht verlassen. Die Söhne lebten als Holzarbeiter – einschließlich Arbeiter in Sägewerken –, Jäger, die Töchter als Frauen von Holzarbeitern, Bahnarbeitern, Werksarbeitern, Jäger. Ein Schwiegersohn hat sich vom Bahnarbeiter über Werksarbeiter zum Magazinverwalter im Werk St. Aegyd hochgearbeitet. Das Gebiet der politischen Gemeinden St. Aegyd und Mitterbach hat nur eine Tochter verlassen: sie zog nach Lilienfeld. Eine Schwiegertochter war etliche Jahre als „Postassistentin" beschäftigt. Von allen anderen Frauen ist keine bezahlte Berufstätigkeit bekannt, Ludmillas Tätigkeit um das Edelbacherhaus war aber wohl als Berufstätigkeit zu bezeichnen. Als sie 1972 verstarb, bezog sie keine Pension. Die Enkel (alle geboren zwischen 1894 und 1933, insgesamt 40) und deren Lebenspartner lebten schon in einer anderen Zeit. Besonders die Zeit vor, während und nach dem 2. Weltkrieg brachte grundlegende Veränderungen. War es für den Enkel Stefan Sch. noch eine Art Wanderlust, die ihn als Schuhmacher über die „Walz" nach Deutschland brachte, oder ähnlich für die Enkelin

Konfirmation von Edelbacher-Enkeln 1917: Oswald Pomberger, Johann Gamsjäger, Christl Edelbacher, Stefan Schiffbänker
Archiv Mühlbauer

Sophie Sch., die nach Holland heiratete, so wanderten schon vor 1938 Enkel zu Arbeitsplätzen: nach St. Pölten (Leopoldine Sch., Ferdinand P.), nach Wien (Elisabeth R.), in den „Dienst" (Hausgehilfin) vorübergehend sogar nach England (Theresia und Luise). Tätigkeiten als Hausgehilfin z.B. in St. Pölten im Haus des evangelischen Direktors Leitenberger bei der Firma Voith oder im Evangelischen Hospiz Kenyongasse Wien (über Vermittlung der Familie Stroh) waren nicht nur dringend benötigte und fast unerreichbare Arbeitsplätze, sondern führten auch zu einer bis dahin unbekannten Erweiterung des Lebensraumes. So konnte Leopoldine ihren Vetter Ferdinand zur Ausbildung als Maschinenschlosser im Großmaschinenbau unterstützen, Elisabeth wurde in der Kenyongasse Hausmutter und ehrenamtliche Verwalterin eines Freizeit-Jugendheimes.

Bis 1938 konnten Jugendliche aus dem Raum St. Aegyd keine außerörtlichen Schul- und Berufsausbildungen beginnen oder abschließen, es sei denn, sie erhielten einen Heimfreiplatz, wie z.B. andere Mitglieder der St. Aegyder Pfarrgemeinde: Eine Tochter (*1915) des Hohenberger Schulleiters Kinzelmann bekam ein Stipendium für die Lehrerbildungsanstalt in Wien, das Waisenkind Wilhelmine Reiter, verheiratete Lettner (*1911), einen Wohnfreiplatz für die Handelsschule in St. Pölten. Nach dem „Anschluss" an Deutschland änderte sich das rasch: Enkelin Cäcilia P. (*1921) konnte in St. Pölten die Krankenpflegeausbildung besuchen, wurde Krankenschwester in Lazaretten quer durch Europa, arbeitete bis zur Pensionierung im Krankenhaus Lilienfeld. Die Enkel Rudolf Sch., Alexander Sch., Franz E. und Johann P. wurden Flieger, alle vier sind im 2.Weltkrieg gefallen. Ebenfalls sind im 2.Weltkrieg die Ehepartner von Theresia B. und Sophie G. gefallen. Diese Theresia B. verkörperte bis zu ihrer Pension als Beamtin das Postamt St. Aegyd, sie versorgte alle ihre drei Kinder mit einer geregelten Berufsausbildung.

Enkel Leopold W. verlor im 2. Weltkrieg die rechte Hand, war damit zum Holzknecht nicht mehr geeignet, wurde aber durch zähes Lernen Verwaltungsangestellter des großen Sägewerkes in Kernhof. Sein Bruder, Enkel Hermann, musste wegen eines durch Krankheit erworbenen Herzfehlers nicht einrücken, zog nach Wien und machte ab 1949, er war damals 29 Jahre alt!, eine Feimechanikerlehre. Gemeinsam mit seinem blinden Onkel (Klavierstimmer) führte er Klavierinstandsetzungen durch.

Leopold Weber; Cäcilia Mühlbauer; Matthias Edelbacher; Elisabeth Raymann
f

Die Lebensräume der Enkel und ihrer Familien sind also viel weiter geworden: 1 Familie: Holland
1 Enkel: Deutschland
6 Familien bzw. Enkel: Wien
2 Familien bzw. Enkel: St. Pölten
1 Familie: Linz
1 Familie: Traisen
1 Enkel: Türnitz
1 Enkel: Piesting

Aus der Reihe der Enkel hat die evangelische Kirche zahlreiche ehrenamtliche Mitarbeit erhalten: Drei wurden nach langjährigen Tätigkeiten in Gemeindevertretung und Presbyterium Ehrenmitglieder des Presbyteriums der Pfarrgemeinde St. Aegyd, drei waren Gemeindemitarbeiterinnen in Wiener Gemeinden.

Cäcilia Mühlbauer und Leopold Weber mit Pfarrer Mag. Herbert Graeser bei der Ernennung zu Ehrenmitgliedern des Presbyteriums

Kernhofer Schuhplattl- und Trachtenverein, ca. 1930, mit Oswald Pomberger und Johann Gamsjäger

Archiv Ketelaars

Sommerfrischengemeinde zu Besuch bei Fam. Edelbacher, ca. 1910; identifiziert Alphonse Witz-Oberlin, Rudolf Stroh, Hans Jaquemar

Archiv Kretz

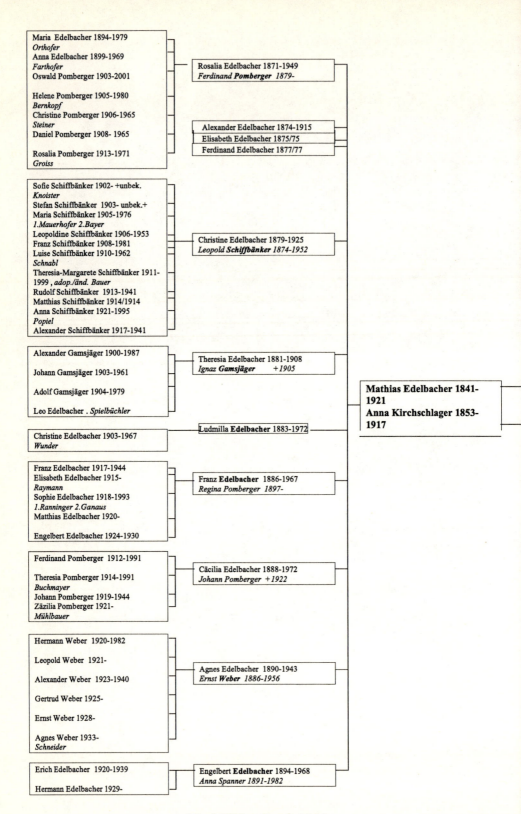

Maria Edelbacher 1894-1979
Orthofer
Anna Edelbacher 1899-1969
Farthofer
Oswald Pomberger 1903-2001

Helene Pomberger 1905-1980
Bernkopf
Christine Pomberger 1906-1965
Steiner
Daniel Pomberger 1908- 1965

Rosalia Pomberger 1913-1971
Groiss

Rosalia Edelbacher 1871-1949
*Ferdinand **Pomberger** 1879-*

Alexander Edelbacher 1874-1915
Elisabeth Edelbacher 1875/75
Ferdinand Edelbacher 1877/77

Sofie Schiffbänker 1902- +unbek.
Knoister
Stefan Schiffbänker 1903- unbek.+
Maria Schiffbänker 1905-1976
1.Mauerhofer 2.Bayer
Leopoldine Schiffbänker 1906-1953
Franz Schiffbänker 1908-1981
Luise Schiffbänker 1910-1962
Schnabl
Theresia-Margarete Schiffbänker 1911-
1999 , adop./änd. Bauer
Rudolf Schiffbänker 1913-1941
Matthias Schiffbänker 1914/1914
Anna Schiffbänker 1921-1995
Popiel
Alexander Schiffbänker 1917-1941

Christine Edelbacher 1879-1925
*Leopold **Schiffbänker** 1874-1952*

Alexander Gamsjäger 1900-1987

Johann Gamsjäger 1903-1961

Adolf Gamsjäger 1904-1979

Leo Edelbacher . *Spielbüchler*

Theresia Edelbacher 1881-1908
*Ignaz **Gamsjäger** +1905*

Christine Edelbacher 1903-1967
Wunder

Ludmilla **Edelbacher** 1883-1972

Franz Edelbacher 1917-1944
Elisabeth Edelbacher 1915-
Raymann
Sophie Edelbacher 1918-1993
1.Ranninger 2.Ganaus
Matthias Edelbacher 1920-

Engelbert Edelbacher 1924-1930

Franz **Edelbacher** 1886-1967
Regina Pomberger 1897-

Ferdinand Pomberger 1912-1991

Theresia Pomberger 1914-1991
Buchmayer
Johann Pomberger 1919-1944
Zäzilia Pomberger 1921-
Mühlbauer

Cäcilia Edelbacher 1888-1972
*Johann **Pomberger** +1922*

Hermann Weber 1920-1982

Leopold Weber 1921-

Alexander Weber 1923-1940

Gertrud Weber 1925-

Ernst Weber 1928-

Agnes Weber 1933-
Schneider

Agnes Edelbacher 1890-1943
*Ernst **Weber** 1886-1956*

Erich Edelbacher 1920-1939

Hermann Edelbacher 1929-

Engelbert **Edelbacher** 1894-1968
Anna Spanner 1891-1982

Mathias Edelbacher 1841-1921
Anna Kirchschlager 1853-1917

Nach Walter Pusch 2002

Familientafel Mathias und Anna Edelbacher

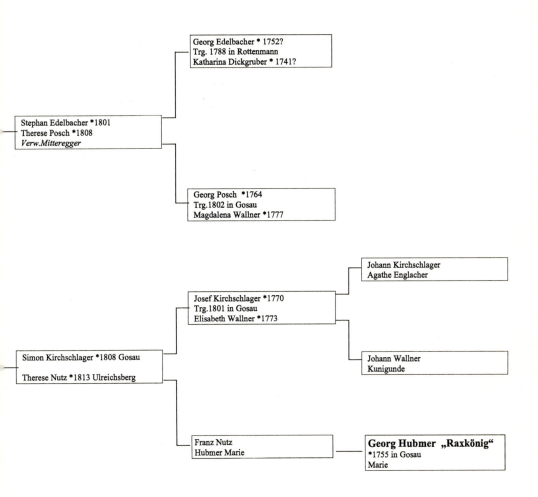

Georg Edelbacher * 1752?
Trg. 1788 in Rottenmann
Katharina Dickgruber * 1741?

Stephan Edelbacher *1801
Therese Posch *1808
Verw.Mitteregger

Georg Posch *1764
Trg.1802 in Gosau
Magdalena Wallner *1777

Johann Kirchschlager
Agathe Englacher

Josef Kirchschlager *1770
Trg.1801 in Gosau
Elisabeth Wallner *1773

Johann Wallner
Kunigunde

Simon Kirchschlager *1808 Gosau

Therese Nutz *1813 Ulreichsberg

Franz Nutz
Hubmer Marie

Georg Hubmer „Raxkönig"
*1755 in Gosau
Marie

Nach Friedrich Mauer 1973

Heinrich Kinzelmann 1886–1972

Evangelische Lehrerpersönlichkeit, nachdenklicher Zeitzeuge zwischen Monarchie und 2. Republik

Vorbemerkungen zu seiner Erinnerungsschrift „Meine politische Entwicklung"

Als die Evangelische Waldkirche 1902/1903 gebaut wurde, lebte Heinrich Kinzelmann noch nicht in der evangelischen Gemeinde dieses Gebietes. Er hatte aber schon eine bewegte Jugend hinter sich. 1909 kam er an die einklassige evangelische Volksschule (Öffentlichkeitsrecht seit 1882) Ulreichsberg. Ulreichsberg war damals eine verstreute Holzknechtsiedlung mitten im Wald mit 165 Einwohnern, von Nachbarortschaften wie St. Aegyd, Kernhof, Lahnsattel und Annaberg durch zwei- bis dreistündige Fußmärsche entfernt. Ulreichsberg gehörte damals und gehört noch heute zu Evangelischen Pfarrgemeinde Mitterbach, dorthin sind es 24 km, damals über Fadental 3 Stunden Fußweg, solange kein Schnee lag. 1989 lebten noch 19 Dauerwohnsitzer in Ulreichsberg, die neu gebaute Schule war 1976 geschlossen worden, da es nur

mehr sechs Schulkinder gab, diese wurden dann mit dem Schulbus in die Volksschule und in die Hauptschule nach St. Aegyd gebracht.

Heinrich Kinzelmann wurde mit 1. September 1909 Lehrer und Leiter der Ulreichsberger Schule. 1910 heiratete er die Ulreichsbergerin Maria Sommerer von —

Familie Kinzelmann, ca. 1920   Archiv Weinstabl

Konfirmandinnen und Konfirmanden St. Aegyd 1957 mit Kurator H. Kinzelmann und Pfarrer F. Mauer

Evang. Pfarramt Traisen

und geboren in – der Wolfn-Keusche. Mit seiner Frau und den immer zahlreicher werdenden eigenen Kindern bewohnte er das Schulhaus, unterrichtete und betreute die ca 40 Schulkinder pro Schuljahr, half deren Eltern beim Behördenverkehr (besonders Abwicklung der Luftkeuschen-Ablöse, Rechnungswesen des Lehrer-Dotationsfonds), lernte land- und forstwirtschaftliche Arbeit, beobachtete Pflanzen, sammelte Mundartsprüche. Er war mit Ulreichsberg so verbunden und besaß viel Ansehen, so dass er sich wohl zu Recht als *König von Ulreichsberg im Dienen* fühlen konnte. 1922 wechselte er an die öffentliche Schule in St. Aegyd, 1926 nach Hohenberg. Dort wurde er nach kurzer Zeit vom Bezirksschulrat zum Schulleiter der Volks- und Hauptschule vorgeschlagen, allerdings aber nicht bestellt. Für die Evangelische Gemeinde St. Aegyd, die 1927 selbständig geworden war, übernahm er viele Arbeiten: Gemeindevertreter, Presbyter, Rechnungsführung, Kurator (1938 bis 1940 und 1957 bis 1963), Chorleitung. Im Religionsunterricht hat er noch 20 Jahre nach seiner Pensionierung ausgeholfen. Bis ins hohe Alter hat er mit unermüdlichem Geist gearbeitet und beobachtet, z.B. in den Lehrerarbeitsgemeinschaften, als Autor und Mitarbeiter der Lilienfelder Bezirksheimatkunde, in deren von 1960 bis 1964 erschienenen drei Bänden Beiträge von 90 Seiten des Volksbildners Kinzelmann enthalten sind.

Bisher nicht bekannt sind aber seine Überlegungen und Erinnerungen, die er in einem handschriftlichen Erinnerungsheft „Mein politischer Werdegang" 1946 festgehalten hat. Die klare und gut lesbare Kurrent-Handschrift führt jeweils auf den rechten Seiten des Heftes die Gedanken und Erinnerungen aus, die linke Seite wurde für eine schlagwortartige Gliederung benützt. Bei der Auswertung wurde diese Gliederung dann nicht vollständig wiedergegeben, wenn der Text nicht dazu passte oder in ihr Bezug auf andere, nicht verfügbare Aufzeichnungen (z.B. Tagebücher) genommen wurde. Wie das Heft in den Besitz unserer Pfarrgemeinde gekommen ist, ist nicht bekannt. Möglicherweise hat es uns seine älteste Tochter Hermine, verh. Weinstabl, (*1910, +1994), zusammen mit einigen Büchern aus seinem Besitz, übergeben. Das Heft ist zweifellos authentisch und vom damals sechzigjährigen Heinrich Kinzelmann nach großer persönlicher Erschütterung als Rückblick auf eine bewegte Vergangenheit niedergeschrieben worden. Dieses Erinnerungsheft ist hier mit Anmerkungen (in Kursivschrift) in der Gliederungsseite abgedruckt. Die Anmerkungen stützen sich vor allem auf die beigefügte Literatur- und Quellenliste.

Wir können Herrn Kinzelmann heute nicht mehr fragen, wie er seine Zeit als begeisterter Nationalsozialist und politischer Funktionär zwischen 1938 und 1945 zehn, zwanzig, dreißig Jahre später sah. Politisch aktiv wurde er nach 1945 nicht mehr. Die jahrelange Arbeitslosigkeit seiner Kinder, die unverstandene Republik und der ungeliebte Ständestaat zwischen 1918 und 1938 sowie die Sehnsucht nach klaren, überschaubaren Verhältnissen gegenüber einem weit verbreiteten Unbehagen mit der Moderne, sie waren für viele, nicht nur für Kinzelmann, Gründe für die Anschlussbegeisterung von 1938. Nach dem März 1938 gab es endlich wieder Arbeit. Ein Fahrrad war statt für 133 RM für 80 RM erhältlich, das neue System hielt auch Ausschau nach Intelligenzreserven in den inneren Alpentälern und förderte die Ausbildung von Holzknecht-, Arbeiter- und sogar Einlegekindern zu LehrerInnen, Technikern und Jagdfliegern. Das war eine Seite von Kinzelmanns Lebenserfahrung. Auf der andere Seite stehen die jahrzehntelange Verbindung zu einem profilierten Vertreter der Bekennenden Kirche, zum regimekritischen Teil der Evangelischen Kirche Deutschlands, weiters sein pazifistischer Einsatz, die drei im 2. Weltkrieg gefallenen Söhne, seine Erfahrungen in der Schule als begeisterter Lehrer, der seine Schüler mochte.

Für seine Tochter Gretl ist ihr Vater bis heute eine imponierende, fortschrittliche und vorbildliche Lehrerpersönlichkeit, aber bestimmt nicht zum Politiker geeignet. Die Erinnerungsschrift über seine politische Entwicklung könnte eine Art Entschuldigung für sein Scheitern als Politiker sein. Frau Margarete (Gretel) Schickendantz, geb. Kinzelmann, war selbst von 1938 bis 1975 im Raum Köln als Lehrerin tätig.

1955 schrieb Heinrich Kinzelmann für seinen damals 22-jährigen Enkel Werner Weinstabl:

„Als Leitspruch über mein Leben möchte ich Röm. 8,28 setzen:
Denen, die Gott lieben, müssen alle Dinge zum Besten dienen.
Hätte mein Vater einige Jahre länger gelebt, so hätte ich wohl in die Fabrik gehen müssen.
Es kränkte mich lange, daß meine Heimat keinen Arbeitsplatz mehr für mich hatte, als
mein Streben an die öffentliche Schule zu kommen, mißglückte. Wäre es mir gelungen, so
hätte ich 1945 als alter Mann arm die Heimat verlassen müssen.
Immer haben sich Menschen gefunden, die mir in entscheidenden Zeiten Hilfe leisteten. Mein
selbstgewählter Konfirmationsspruch ist:
23. Psalm: Der Herr ist mein Hirte, mir wird nichts mangeln."

Als Nachfahren können wir uns nur selbst fragen, wie wir uns wohl unter den Gegebenheiten der damaligen Zeit verhalten hätten. Heinrich Kinzelmann lebt in der Erinnerung vieler Menschen als geachteter Lehrer, Volksbildner und Mitarbeiter der Evangelischen Gemeinde.

Heinrich Kinzelmann ca. 1960
Evang. Pfarramt Traisen

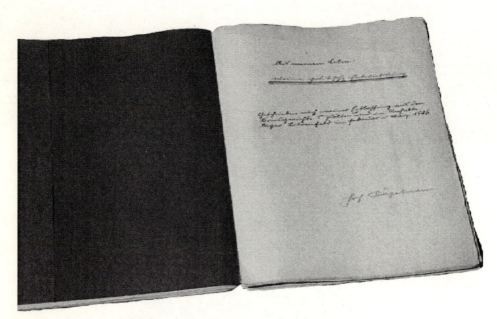

Foto des Heftes Heinrich Kinzelmann, Meine politische Entwicklung

Aus meinem Leben:

Meine politische Entwicklung

Geschrieben nach meiner Entlassung aus dem Kreisgerichte St. Pölten und im Anhaltelager Lilienfeld im Februar und März 1946.

Heinrich Kinzelmann

A. Jugendeindrücke 1890–1898

I. Öffentliches Leben: die drei großen Parteien des alten Deutschösterreich

Im österreichischen Reichsrat waren nach den ersten gleichen Wahlen, d.h. Wahlen, die nicht nach dem „Zensus" durchgeführt wurden, von 497 Sitzen 96 von Christlich-Sozialen, 86 von Sozialdemokraten und 84 von verschiedenen „Deutschen" Parteien besetzt. Die radikalste der Deutschen Parteien war die „Alldeutsche" Georg Ritter v. Schönerers (diese war durch das neue Wahlrecht von 22 auf 3 Sitze zurückgefallen). Dann gab es noch 83 Sitze 6 verschiedener tschechischer Parteien, 70 Sitze von 4 polnischen Parteien, 78 Sitze italienischer, slovenischer, ruthenischer (ukrainischer) und kroatischer Parteien. Die „Alldeutschen" traten für den Anschluss deutschsprachiger Gebiete, z.B. des Sudetenlandes, an Deutschland ein.

1. Familie, Erlebnisse: Abstammung

2. Vom Handwerksmeister zum Proletarier
    Lueger, Kampf des Kleingewerbes
Dr. Karl Lueger (1844–1910) gründete 1891 die Christlich Soziale Partei. Da bis 1907 nach dem Zensus-Wahlrecht gewählt wurde (ab einer Steuerleistung von 5 Gulden), war das Kleingewerbe ausschlaggebend, nicht aber die Arbeiterschaft. Lueger wurde in den Jahren 1895 und 1896 sechsmal zum Bürgermeister von Wien gewählt, doch erst am 4.4.1898 von Kaiser Franz Josef I. bestätigt. Er war ein sehr erfolgreicher Bürgermeister, der Wien zur modernen Großstadt ausbaute. Allerdings war er ein ausgesprochner Populist und daher auch Antisemit.

3. Unsicherheit des Arbeiterlebens

4. Antisemiten. Schülerpolitik

5. Höherstreben: Realschule

6. Frühzeit der Sozialdemokratie
    Fortschrittsglaube des Liberalismus
    Der Knabe unter dem Einfluß des sozialdemokratischen Vaters.

Ich war in der Politik, wenigstens in der engeren Tagespolitik, bis in mein höheres Mannesalter ein großes Kind, trotzdem ich in politisch sehr bewegten Zeiten heranwuchs, meine persönlichen Erlebnisse mich Menschen aller Parteien nahebrachten und mich die Nöte und Sorgen des Volkes spüren ließen.

Mein Vater war von Hause aus Handwerksmeister aus einem alten Handwerkergeschlecht, seit etwa 1800 drei Ahnen in direkter Linie Strumpfwirker in Klostergrab im Erzgebirge, vorher zwei Ahnen Weißbäcker. Zu meiner Knabenzeit war er nur kurze Zeit selbständiger Meister in der Großstadt infolge einer kleinen Erbschaft, konnte sich aber gegen die Konkurrenz der Industrie nicht behaupten, gediegene Ware gegen Ramsch. Damals gab es in Wien auch andere notleidende Kleingewerbe, so erinnere ich mich lebhaft, wie wir Kinder schon über die Not der Perlmutterdrechsler sprachen. Wir hatten so einen rechten Anschauungsunterricht über das untergehende Kleingewerbe und hörten auch, dass Bürgermeister Lueger seine Anhänger aus diesen Kreisen sammelte.

Mein Vater ging dann wieder in die Fabrik. Wir waren also „Proletarier". Wir Kinder lernten schon die Unsicherheit des Lebens bei den „Enterbten" kennen: Arbeitslosigkeit, Versatzamt, Wohnen in kahlen Einzelräumen, Wohnungswechsel mit dem Handwagen, Delogierung und nagenden Hunger u. Kälte. Dieses Elend wurde nur unterstrichen durch meinen zeitweiligen Aufenthalt bei einer Mutterschwester in kargen, aber peinlich geordneten Verhältnissen.

Ich besuchte von der Meisterzeit her noch die Realschule und nährte die Sehnsucht nach dem „höheren" Berufe eines Ingenieurs, da mir insbesondere Geometrie und die arithmetischen Gleichungen ein Kinderspiel waren. Aus einer Erinnerung wird mir deutlich, dass die Schulkameraden sich „aktiv" mit der Politik beschäftigten. Wir waren mehrere Schulgenossen auf dem Heimweg beim „Tivoli" (wir wohnten damals in Hetzendorf hinter dem Schönbrunner Fasangarten). Ich sehe noch lebhaft das Bild vor mir, wie ein langer Kamerad aus seinem „Havelock" schlüpfte und ihn auf die Erde warf, um einen jüdischen Mitschüler zu verprügeln.

Der Vater war Sozialdemokrat und schleppte mich als Elf- bis Zwölfjährigen schon in politische Versammlungen, zu Arbeiter- und Sängerfesten und in die allgemein bildenden Veranstaltungen der Arbeiterschaft. Ich erinnere

7. Früher Zug zur Natur, zu Entdeckungsreisen

8. Politischer Streit in der Familie

Gesetzwidrige Zustände im Österreich vor 1914   B. Hamann

9. Kirchenfeindschaft und kirchliche Engherzigkeit

mich noch lebhaft an die riesige Vergrößerung eines fauligen Wassertropfens mit seinem Tiergewimmel auf der Projektionsleinwand. „Bildung ist Macht" war das Schlagwort. Der erste deutsche Klassiker, den ich kennenlernte, war Lessing, den der Vater wegen seines „Nathan der Weise", aber auch der recht derben Sinngedichte halber gerne las. Ich las auf seine Anregung hin auch manches von Lasalle, es blieb mir aber nur sein abenteuerliches Verhältnis zu einer Gräfin im Gedächtnis.

Viel lebhafter als all dies Treiben der mächtig aufstrebenden Arbeiterbewegung sind mir Naturbilder aus dem Wienerwald, dem Wiesengürtel und dem Wiener Boden in lieber Erinnerung, die ich auf weiten Spaziergängen mit meiner Lieblingsschwester Amalie gewann. Ermordung der Kaiserin. Anarchisten.

Mit 12 Jahren erlebte ich das prächtige Begräbnis der Kaiserin Elisabeth. An dem Beispiel einiger italienischer Gipsfigurenhändler, die vom Volk verprügelt wurden, sah man, wie leicht die nationale Leidenschaft und Rachsucht aufgestachelt ist. Ich erhielt ein deutliches Verständnis, dass der Mörder als „Anarchist" einen völligen Umsturz der Gesellschaft anstrebte.

Der Vater stritt oft lebhaft mit Onkel Hermann, dem Bruder der Mutter, der war ein „Nationaler". Auf den Inhalt ihrer Streitreden kann ich mich nicht mehr besinnen; sie schieden doch dann wieder freundschaftlich voneinander. Ein Vorfall hat sich mir tief eingeprägt: Ich ging mit Onkel Hermann durch die Hernalser Hauptstraße, als zufällig der aus Karikaturen jedem Kind bekannte Bürgermeister Lueger aus einem Wagen stieg und sich in ein Haus begab. Mein Onkel wandte das Gesicht ab und spuckte verächtlich aus! Lueger war eben ein Christlichsozialer und stellte in Wien keine nationalen oder sozialdemokratischen Lehrer an! Ich hörte auch, dass die mit der katholischen Kirche eng verbundene christlichsoziale Partei ungebildete Männer, ja Bildungsverächter zu ihren Abgeordneten und Gemeinderäten erhob. So hatte ich alle drei Parteien vor mir, die bis 1934 das politische Gesicht Österreichs bestimmten.

Der Vater war natürlich Pfaffenverächter, was ihn nicht hinderte, sich bei den Weihnachtsbescherungen der evangelischen Vereine Wiens mit anzustellen. Wenn ich bei der Tante war, ging ich fast jeden Sonntag mit ihr in die reformierte evangelische Kirche in der Inneren Stadt. Obwohl ich seither nicht

10. Der österreichische Staat. Franz Josef I. Militärmacht
    Der Exerzierplatz

Im Burenkrieg (1899–1902) verteidigten die südafrikanischen Burenstaaten Transvaal und Oranje-Freistaat ihre Unabhängigkeit gegenüber England. Da die erhoffte Unterstützung europäischer Mächte, besonders durch Deutschland, ausblieb, konnten sich die Burenstaaten nicht behaupten.

B. Jugendeindrücke 1898–1901

11. Leben in der Natur
    In Armenpflege

12 Das Klosterstift als wirtschaftliche Macht
    Geschichtliches von Klostergrab

mehr hineingekommen bin, ist mir ihr überaus nüchternes und schmuckloses Inneres noch gegenwärtig. Tante Berta pflegte, bevor wir einen Zuckerbäcker in der Nähe der Herrengasse aufsuchten, was regelmäßig geschah, mich mitunter in die evangelisch-lutherische Kirche nebenan zu führen. Sie gefiel mir viel besser, indes Tante Berta eifrig behauptete: „Sieht denn das nicht ganz katholisch aus?"

Den alten Kaiser Franz Josef, von dem uns die Volksschule mehr Geschichtchen als Geschichte erzählte, sahen wir Wiener Kinder öfters leibhaftig, wenn auch nur flüchtig. Er schien uns über dem Streit der Parteien zu schweben. Seine Macht wurde uns vorgestellt durch seine mächtige „Wohnung" am Ring, das schöne Lustschloß Schönbrunn, noch mehr aber durch das in Wien in Garnison befindliche Militär aller Waffengattungen und aus allen Teilen der Monarchie. Darunter auch Bosniaken, von denen der Vater behauptete, daß sie widerspenstige Österreicher, besonders streikende Arbeiter im Zaume zu halten hätten. Er sprach auf oft von Geheimpolizisten, die in jeder größeren Menschenansammlung nach Majestätsbeleidigungen herumhorchten. – Wir wohnten längere Zeit als gewöhnlich in der Nähe der Ottakringer Kaserne, sodaß mein Schulweg zur Realschule in Rudolfsheim über den großen Exerzierplatz führte, auf dem schon in der Morgenfrühe die Soldaten zu Fuß und hoch zu Roß ihr Kriegsspiel trieben. Einmal sah ich hier auch die große Parade zu Kaisers Geburtstag. Nachmittag war er unser Spielplatz. Unsere Spiele hatten keinerlei politischen Charakter außer dem Spiel „Bur und Engländer".

Mit zwölf Jahren übersiedelte ich in die deutschböhmische Heimat des Vaters, ich ging nun eine gute Stunde weit in die Bürgerschule in Osseg. Wiederum beschäftigte ich mich mehr mit der Natur, vor allem im Erzgebirge wandernd, an dessen Rande der Heimatort lag, als mit Geschichte und Politik. Dazu kam die Not, in die wir durch längere Krankheit des Vaters und seinen frühen Tod gerieten. Wir ältesten Geschwister nahmen der geplagten Mutter die Führung des Haushaltes – Einkauf und Einteilung der Lebensmittel – ab. Durch Dienstleistungen bei Verwandten u. Schulkameraden, durch Sammeln von Holz, Beeren und Pilzen vermehrten wir unser Einkommen, das Armengeld der Gemeinde.

In Osseg war ein prächtiges Cisterzienserstift, dessen Dienstleute 1618 eine evangelische Kirche in unserem Heimatort niedergebrannt hatten, das erste

13. Die Macht der Sozialdemokratie wächst.
    Kamerad Deichert

14. Bergarbeiterstreik
Klostergrab liegt im nordböhmischen Industriegebiet, das 1908 mit über 200 Einwohnern je km², wie der Raum Wien, Wiener Neustadt, die höchsten Besiedlunsgsdichte Österreich-Ungarns hatte. Zu diesem Gebiet gehören die Kohlenreviere Dux-Brüx, die Industrieorte Teplitz (Wittgensteinsche Eisenwerke), Aussig/Elbe und Reichenberg. Die großen Seilrollen auf den Fördertürmen der Kohlenschächte waren weithin sichtbare Zeichen des Förderbetriebes. Auch aus großer Entfernung konnte verfolgt werden, ob sich die Seilscheiben drehten oder nicht. Selbstverständlich hat die Industrealisierung der 2. Hälfte des 19. Jahrhunderts sehr viele Arbeiter angezogen.

15. Die Tschechen setzen sich in Klostergrab fest.
    Die Bevölkerungspolitik der tschechischen Landtagsmehrheit

    Schwester Amalie kann tschechisch wie deutsch.

16. Nationaler Zwist. Die Sozialdemokraten international
Karl Wittgenstein wurde z.B. von Karl Kraus polemisierend angegriffen, weil er mit seiner Industrealisierungspolitik dem deutschen Bevölkerungscharakter des Landes schade.

17. Herrschaft der Deutschnationalen in Bezirk und Gemeinde
    (Wahlgeometrie)
    Turnfeste

Feuerzeichen zum 30jährigen Kriege. Das Freitag-Nachmittagläuten der katholischen Kirche, sagte man uns, sei zur Erinnerung an die seinerzeitige Austreibung der evangelischen Bergleute nach Sachsen; mit Leidenschaft krochen wir im alten „Silberstollen" umher. Zur Bürgerschule gingen wir längs des Gebirgsflusses am Rande der großen Stiftsforste, die Kirche war also auch hier eine Macht. Trotzdem hörten wir nichts von einer christlichsozialen Partei.

Herrschend waren hier die deutschnationalen Parteien, in der industriereichen Gegend natürlich die sozialdemokratische Partei im Wachsen. In unserem Zinshaus wohnten Arbeiter und Eisenbahner. Mein Alterskamerad Deichert, der so schön Landkarten aus freier Hand nachzeichnen konnte, war der Enkel eines kleinen Gärtners im Orte. Oft zog er mit seinem rotbärtigen Vater auf die Märkte und half ihm sozialdemokratische Flugblätter verkaufen, die zum guten Teil von Vater Deichert selbst verfaßt waren.

Herweghs Lied „Alle Räder stehen still, wenn dein starker Arm es will" wurde uns bei einem großen Bergarbeiterstreik buchstäblich erfüllt, denn man sieht auf den weithin über die Ebene zerstreuten Fördertürmen schon aus ziemlicher Entfernung die Seilrollen laufen.

Auch den nationalen Zwist lernte ich jetzt kennen. Die Bergwerksgegend war mit Tschechen durchsetzt, die hie und da auch in einem alten Bauerndorf zur Mehrheit wuchsen. Unser Schulweg führte hinter einem solchen Dorf vorbei. Da gab es zwischen seiner tschechischen Jugend und uns Klostergraber Bürgerschülern einmal eine regelrechte Schlacht.

Die Gelegenheit, Tschechisch zu lernen, versäumte ich leider, Schwester Amalie konnte Tschechisch wie Deutsch. Vater Deichert schickte seine Kinder einige Jahre in die einklassige tschechische Schule von Klostergrab. Viele Tschechen kamen durch die Eisenbahn in unseren Ort, der noch zu meines Vaters Zeiten rein deutsch gewesen war. Die Bahn lief von Prag durch tschechisches Land bis an die nahe sächsische Grenze. Es war Bevölkerungspolitik der Tschechen, daß sie ihre Eisenbahner in die deutschen Endbahnhöfe setzten. Da die Tschechen Fuß gefasst hatten, siedelte sich bald ein tschechisch-jüdischer Kaufmann an, bei dem auch Deutsche einkauften, wenn es um den Heller ging. Die Nationalen machten sich uns Kindern durch ihre Feste bemerkbar, vor allem durch ihr vorbildlich geordnetes Turnwesen. Selbst kleine Bauernorte hatten Turnvereine, ja selbst eine Turnhalle.

Die Los-von-Rom-Bewegung.

Georg Ritter v. Schönerer propagierte sehr erfolgreich den Übertritt (in Böhmen allein bis 31. März 1899 5.519!) aus der (undeutschen) röm.-katholischen Kirche in die (deutsche) evangelisch-lutherische. Diese „Los von Rom Bewegung" erfasste vor allem Akademiker und Bürgerliche. So kam es dann auch dazu, dass in Böhmen zwischen 1901 und 1907 32 neue evangelisch-lutherische Gemeinden gegründet wurden. Da es aber auch in anderen Teilen Österreichs (bes. Steiermark, Niederösterreich) zu Gemeindegründungen kam, mussten diese von Vikaren und Pfarrern aus Deutschland versorgt werden. Der Oberkirchenrat in Wien (der damals eine staatliche Behörde war) wollte natürlich nicht in Konflikt mit den anderen staatlichen Behörden kommen und hat zahlreiche dieser Geistlichen, wenn sie zu alldeutsch, d.h. auf Abtrennung von Österreich an Deutschland auftraten, nicht bestätigt, und sie mussten das Land wieder verlassen.

18. Konfirmation

19. Ausweisung Pfarrer Ungnads

Joachim Ungnad aus Stendal wurde im September 1900 vom Presbyterium Teplitz zum Vikar in die eben entstehende Tochtergemeinde Klostergrab gewählt und trat sein Amt Anfang November 1900 dort an. Die Gemeinde dort zählte damals zirka 450 Gemeindeglieder, davon waren etwa die Hälfte „Los von Rom" Übergetretene. Er musste am 31.7.1902 Klostergrab verlassen, auch mit der Begründung, er habe eine Flugschrift, deren Verbreitung in Österreich nicht gestattet war, mit der Post nach Deutschland geschickt, wodurch die Postbeamten vom Inhalt Kenntnis bekommen könnten.

C.   Der Student. Bielitz 1901/05

20. Geschichtsunterricht

21. „Vegetatives" Leben

22. Das Leben in der Sprachinsel
    Schwäbische Kolonistensöhne als Schulkameraden

Der Jude als Ausbeuter im Ostraum

Ich erlebte die nationale Bewegung noch in besonderer Weise als „Los von Rom-Bewegung", eine aus politischen Gründen betriebene Übertrittsbewegung zur evangelischen Kirche (Briefformel „Deutsch evang. Gruß"). Die neuen evangelischen Gemeinden schossen nur so aus dem Boden, auch Klostergrab bekam mit Hilfe der reichsdeutschen Hilfsvereine nach fast 300 Jahren eine neue evangelische Kirche und einen evangelischen Pfarrer, der der Mann war, die anfängliche Begeisterung anzufachen. Vorher waren nur wenige Familien außer unserer „sächsisch" gewesen, wie die Einheimischen sagten. Ich wurde allein, als erster Konfirmand der jungen Gemeinde, am 8. September 1901, besonders feierlich eingesegnet.

Die böhmische Landesregierung betrachtete die Bewegung, wahrscheinlich im Zusammenhang mit der „alldeutschen" als staatsgefährlich und wies einige der eifrigsten neuen Pfarrer aus, darunter auch unseren lieben Pastor Joachim Ungnad. Da war ich aber schon Student, und zwar als Pflegekind Pastor Ungnads und der evangelischen Gemeinde Klostergrab.

Ich studierte an der evangelischen Lehrerbildungsanstalt in der alten Tuchmacherstadt Bielitz. Der Geschichtsunterricht war der übliche habsburgische. Die politische Eigenart unserer Lehrer, von denen einige im Gemeinderat saßen, trat nicht offen hervor. Vielleicht ist es mir auch bei meiner unpolitischen Veranlagung entgangen.

Überhaupt hielt ich damals eine Art geistigen Schlafes und wuchs mehr körperlich von einem sehr kleinen Knaben zu einem mittelgroßen Jüngling, war infolgedessen ein schwacher Student, wenn ich auch im Aufsatz und in der Mathematik Spitzenleistungen der Klasse aufwies.

Meine Kameraden gebärdeten sich jedenfalls in jeder Beziehung als junge Männer und bildeten Landsmann-Gruppen. Gerne saß ich bei den Söhnen der deutschen Bauern aus dem polnisch-ruthenischen Land, die fast die Hälfte der Schüler ausmachten, und erfreute mich ihrer rein schwäbischen Mundart.

Auffällig war mir ihr Haß gegen die Juden, mit denen sie nicht in einem Eisenbahnabteil fuhren und vor denen sie ausspuckten. Sie begründeten ihre feindselige Haltung mit der Art der Juden, die polnisch-ruthenische Bevölkerung auszubeuten, unter der auch die deutschen Kolonisten zu leiden hätten, die Juden nützen eben rücksichtslos ihre geistige Überlegenheit aus. Überdies

23. Militärische Gewohnheiten. Schlesische Kost

Die Hochburg der Evangelischen
Für die Evangelischen in Österreich hatte die „Gnadenkirche" in Teschen besondere Bedeutung. In der Altranstädter Konvention von 1707 hatte Kaiser Josef I. u.a. mit der Duldung von 6 evangelischen Gnadenkirchen im damals österreichischen Schlesien die Nichteinmischung Karl XII. von Schweden in den spanischen Erbfolgekrieg erreicht. So kam es zur Bildung der Teschener Gemeinde, die in einem großen Gebiet, – an seinem Ostrand liegt Bielitz, – 40.000 Gemeindeglieder hatte. Sonntag für Sonntag wurden Gottesdienste in der 5.000 Sitzplätze und 3.000 Stehplätze großen Kirche in deutscher, polnischer und tschechischer Sprache gehalten. Teschen und später vor allem Bielitz wurden neben den innerösterreichischen Toleranzgemeinden Schwerpunkte der Entwicklung der evangelischen Kirche in Österreich.

Deutschfreundliche Polen

D. Der junge Lehrer
Politik im Sudetenland

24. Gottesdienst in Beruf und Natur

25. Methodischer Sinn als Erbgut. Briefwechsel mit Onkel Hermann
Der deutsch-österreichische Lehrerbund

26. „Gürtler"-Industrie in Gablonz
Gürtler ist ein alter Metall verarbeitender Beruf, der zuletzt in der Schmuckherstellung und im Kunstgewerbe tätig war/ist.

sah ich in der Schwesterstadt Biała schon genug Ostjuden. Komisch erschien mir ein Judenknabe, schon in jüdischer Tracht mit seinen großen Ohrlocken („Beikeles"), der in seinem langen Kaftan recht unbeholfen gegen die Angriffe einiger Christenbuben wäre.

Die Lebensordnung in unserem „Alumnat" war soldatisch; ich behielt manche Gewohnheiten – drei Mahlzeiten, hartes Bett – in der späteren „Freiheit" bei. Die schlesische Verpflegung – hauptsächlich Kartoffeln – wich stark von der österreichischen und böhmischen Küche ab, ich war zum Glück nicht verwöhnt.

Die Hochburg der evangelischen Bevölkerung, die etwa die Hälfte der Sprachinsel ausmachte, war das Schul- und Kirchenviertel. Um den großen schönen Platz mit dem Lutherdenkmal standen unsere Schulen, vom Kindergarten bis zum Seminar, und die große, mehrere Tausend fassende Kirche. In ihr wurde abwechselnd am Sonntagvormittag und am Sonntagnachmittag deutscher und polnischer Gottesdienst gehalten, denn die „Wasserpolacken" der Umgebung waren evangelisch und deutschfreundlich. Immerhin gab es hier beim städtischen Pöbel ein „nationales Erwachen", eine politische Hetze vom polnischen Mutterland her.

Meinen ersten Dienst als Lehrer leistete ich 1905/09 in meiner deutschböhmischen Heimat. Auch da trug das Leben manches politische Erlebnis an mich heran, ohne daß es irgendeine politische Leidenschaft in mir weckte. Mein Beruf und die Natur der neuen Gegenden nahmen mich voll in Anspruch.

Ich unterhielt einen regen Briefwechsel mit Onkel Hermann, demselben, der einst mit meinem Vater in politischem Streit gelebt hatte. Wir untersuchten die Anfänge des Aufsatzes und den Anschauungsunterricht. Niemals aber fragte Onkel Hermann nach meiner politischen Anschauung, er setzte wohl meine nationale Gesinnung voraus. Mit dem ersten Schultage war ich Mitglied der „Gewerkschaft" des großen deutsch-österreichischen Lehrerbundes, in dessen Zeitung ich auch meinen ersten pädagogischen Aufsatz veröffentlichte.

In Gablonz verweilte ich zwei Jahre. An der Herstellung eines unechten Schmuckstückes, dem Haupterwerb dieser Stadt (des sogenannten Gürtlergewerbes), sind vielerlei gelernte Hände beteiligt, vom Ziseleur und eigentlichen Gürtler bis zum Glasbläser, im Kleingewerbe, in der Heimarbeit und Fabrik. Die reichen Kaufherren, die dieses kunstgewerbliche Erzeugnis in

aller Welt vertreiben, waren meist Reichsdeutsche und erhielten unsere evangelische Schule.

Anläßlich der gründenden Versammlung des Vereines „Freie Schule – Kinderfreunde" lernte ich die politische Gliederung der Gablonzer kennen. Kurz zuvor war der alte Kaiser auf Besuch gewesen, ich stand mit meiner Klasse Spalier unter der evangelischen Kirche. Da beging der „deutschliberale" Bürgermeister die Ungeschicklichkeit, die Straßentafeln des „Bismarkplatzes" zu verhängen. Die anderen nationalen Parteien benutzten diese erste öffentliche Gelegenheit, über den Bürgermeister herzufallen. Während ich so in der lärmenden und lachenden Hälfte der Versammlung die Zersplitterung der Nationalen vor mir sah, bewunderte ich in der säuberlich getrennten, mäuschenstillen Hälfte die Disziplin der Sozialdemokraten.

Auf einer Dienstfahrt mit unserem Pfarrer sah ich in Böhmisch Aicha die Kluft zwischen dem ledigen Fabriksdirektor, der sechs Zimmer als kaum zureichend betrachtete, und den elend bezahlten Webern, in engen Wohnungen zusammengepfercht.

Einige Monate stellenloser Zeit fand ich in der Kanzlei des „deutschen Volksvaters für Böhmen" Unterschlupf. Der Volksvater war eine Art Kanzlei/Überorganisation der nationalen Parteien mit Ausnahme der Alldeutschen. In der Kanzlei und im Orte Trebnitz lernte ich den völkischen Kleinkampf kennen, den Kampf um Grund und Boden, um Amt und Anerkennung. Durch Trebnitz ging die Sprachgrenze und gab dem Orte eine Bedeutung weit über seine Größe und Einwohnerzahl. Die Bauerngemeinden beiderseits waren rein völkisch, die Gewerbetreibenden hatten an beiden Anteil. Beide Volksgruppen errichteten Schulen für ihr Hinterland, vor allem Bürgerschulen und Wirtschaftsschulen. Von Trebnitz kam ich an die evangelische Schule nach Eger.

Das Egerland war der Herrschaftsbereich der Alldeutschen. Dort befreundete ich mich mit einigen alldeutschen Studenten, vor allem aber mit einem älteren Böhmerwäldler Oberlehrer, der wegen seiner alldeutschen Gesinnung vorzeitig pensioniert worden war, an. Zufällig wohnte ich bei dem Bezirkswachtmeister der Gendarmerie, der die Polizeiaufsicht über jenen ausübte, und unterhielt mich gerne mit dem unterrichteten Manne. So sah ich die Ereignisse oft gleichsam mit zwei verschiedenen Augen.

Schulhaus in Ulreichsberg zur Zeit Kinzelmanns, 1970 umgebaut   Archiv Pomberger

Familienmitglieder Kinzelmann bei der Heuarbeit ca. 1930   Archiv Weinstabl

Heinrich Kinzelmann ca. 1922   Archiv Weinstabl   Maria Kinzelmann, geb. Sommerer, ca. 1920

Archiv Weinstabl

Heinrich Kinzelmann beim Erforschen der Natur
ca. 1928   Archiv Weinstabl

31. Politische Demonstration

Das politische Klima in Österreich in den letzten Jahren vor dem 1. Weltkrieg war alles ande-
re als geordnet demokratisch. Zur Illustration kann die Karikatur (Seite 42) dienen, die zeigt,
wie der Wiener Bürgermeister Lueger tschechische Schulen, die staatlich zugelassen sind, zu ver-
hindern versucht. Graf Kielmansegg als Landeshauptmann von Wien und damit Repräsentant
der staatlichen Verwaltung musste natürlich den gesetzlichen Zustand herstellen, doch unter-
steht die Ortspolizei dem Bürgermeister.

Zusammenfassung der Jugendzeit

E.   Die Meisterlehre 1909/22

32. Im Waldweiler. Klare, einfache Verhältnisse.

Als Freier im Holzknechthaus: „In sechs Tagen verliebt, in sechs Wochen verlobt, in sechs Mo-
naten verheiratet.“ Die Heirat erfolgte am 29.3.1910 in Mitterbach, der Hinweg erfolgte im
Wagen, der Rückweg wegen plötzlichen Schneefalles mit dem Pferdeschlitten, bis die Schneever-
wehungen so stark wurden, dass die letzte Wegstunde zu Fuß durch den Schnee gestapft wer-
den musste.

33. Gegensatz zwischen Jungen und Alten

Da war einmal eine nächtliche Demonstration, bei der einigen Tschechen die Fenster eingeworfen und ein lärmender Umzug veranstaltet wurde. Die arme Egerer Polizei war machtlos gegen ein Treiben, in dem ihre Vorgesetzten vom Gemeindeamt beteiligt waren; schließlich räumte die Gendarmerie mit blanker Waffe Straßen und Plätze. Die Alldeutschen wollten sich in einem rein deutschen Kreise keine tschechischen Richter aufnötigen lassen und griffen zur Selbsthilfe; Mein Bezirkswachtmeister, heiser geschrieen nach schlafloser Nacht war ein echter österreichischer Beamter, der die Vorgänge nur als einen groben Verstoß gegen die Gesetze beurteilte und deshalb die ihm angebotene Polizeidirektorstelle von Eger ausschlug.

So hat mir ein freundliches Schicksal bis zu meinem 23. Lebensjahre die Hauptformen des politischen und gesellschaftlichen Lebens in Österreich vorgeführt, und zwar recht anschaulich und packend gemäß meiner Anlage als Erfahrungsmensch (Empiriker), der der rein geistigen Lehre und Philosophie abhold ist. Auch die Nöte des arbeitenden Volkes, die ja das Faule unserer Gesellschaftsordnung offenbaren, deren Lösung ja die Hauptfrage der Politik bildet, ließ es mich am eigenen Leibe erleben und begünstigte mich wieder, wie es jedem begabten Sohn des Volkes recht wäre. So war ich eigentlich wohlgerüstet, als ich von den belebten Gegenden des Sudetenlandes Abschied nahm und in die Einsamkeit des „Waldschulmeisters" ging.

Ulreichsberg war in jeder Beziehung die Meisterlehre meines Lebens.
In den klaren Verhältnissen einer reinen Holzknechtsiedlung sah ich die alte Zeit, in manchem noch mittelalterlich anmutend, in die mächtig hereindringende neue Zeit hineinragen. Ich erhielt in das innere Leben des Holzknechthauses umso mehr Einblick, als ich die Tochter eines solchen Hauses freite.

Die neue Zeit wurde außer in manchen Anschaffungen des Hauses für vereinfachte Arbeit und Bequemlichkeit (Nähmaschine, Milchschleuder, Sparherd, Fahrrad) durch die Jungen, die Väter der nächsten Generation verkörpert. Diese jungen Leute waren eifrige Sozialdemokraten, die ihre sozialdemokratische Gesinnung als Ersatz für die Religion betrachteten und von ihrer alten Bauernschlauheit leicht zu der neuen Begehrlichkeit fanden, überhaupt die soziale Bewegung noch rein materiell auffassten.

So kannte ich einen, der sich so viele Tage des Jahres krank meldete, um mit dem Krankengeld mindestens seinen Sozialbeitrag wieder hereinzubringen.

34. Bescheidener Wohlstand

35. Mittelalter und neue Zeit nebeneinander, Haushandwerk

36. Einseitige Ernährung, Tuberkulose

37. Häuslicher Gottesdienst und christliches Leben

Immerhin wirkte dem an sich unsittlichen Grundsatz, „für möglichst wenig Arbeit möglichst viel Lohn" die alte bäuerliche Zucht entgegen, in der sie aufgewachsen waren. Die Väter der Schüler, die älteren Leute, lebten noch in den überkommenen Anschauungen, besonders die Frauen; meine Schwiegermutter gebrauchte „sozialdemokratisch" als Schimpfwort, „politisch" war ihr gleichbedeutend mit hinterlistig und falsch. Sie nahmen wohl jeden Vorteil gegen die Grundherrschaft wahr, betrachteten aber ihre Lage als Holzarbeiter – den überaus langen Arbeitstag mit unbezahltem Schlechtwetterurlaub und niederem Lohn – als gottgegeben.

Freilich hatten es viele von ihnen, selbst solche, die reich an Kindern und Enkeln waren, zu einem bescheidenen Wohlstand gebracht: einige tausend Kronen in der Sparkasse, etwas Schönheit und Luxus in Wohngerät und Kleidung, größere Lebensmittelvorräte. Das verdankten sie vor allem ihrer Wirtschaft mit zwei und mehr Kühen, der aber wiederum die weitere Ausbildung der Kinder geopfert wurde. Besonders die Haustöchter hielten mit großen Mühen den Viehstand auf der Höhe, indem sie das noch fehlende Futter von den Waldblößen herbeischafften.

„Die Axt im Haus erspart den Zimmermann" war aus alten Zeiten noch geltend, aus Zeiten, in denen fehlende Verkehrswege aus den zu rodenden Urwäldern zum Haushandwerk zwangen. Die Frauen spannen noch den selbstgebauten Flachs und buken das Brot und selchten das Fleisch. Die Mühle war freilich verfallen, an Stelle ihres dunklen Körnermehles aus dem in den Schlagbränden selbst gebauten Getreide trat das feine, aber nährsalz- und vitaminarme ungarische Weizenmehl. Die in uralter Erfahrung erprobte „Schmalzkost" wurde nun eine einseitige Nahrung – da es in dem hochgelegenen Orte einen großen Teil des Jahres an Obst und frischem Gemüse mangelte – Blutarmut bei Kindern und halbwüchsigen Mädchen waren die Folge, ja selbst die Tuberkulose nistete sich ein. – Die Männer waren geschickt in den meisten Arten der Holzverarbeitung (Schneeschaufel, Heugabel, feine und starke Schlitten, Fässer, Tröge, Zimmerei), verstanden auch zu schlachten und Schuhe zu flicken.

In vielen Häusern las noch am Sonntag der Hausvater der Familie aus einem alten Predigtbuche vor, wie es vor Zeiten, vor dem Toleranzpatent, nötig war, um ohne Pfarrer, heimlich, die evangelische Überlieferung weiterzugeben. Der Kirchenbesuch in Mitterbach war trotz des weiten Weges sehr gut.

Über die am 4. Juli 1911 in Ulreichsberg durchgeführte Schulinspektion hat H. Kinzelmann in die Schulchronik eingetragen, dass nachlässige Führung der Amtspflichten und mangelhafte Unterrichtserfolge festgestellt wurden. Dies veranlasste H. Kinzelmann vorzumerken, dass in der Zukunft Stundenplan und Lehrstoffverteilung vor Schuljahrsbeginn einzusenden wären, und außerdem wurde eine Liste angelegt, welche Förderer der Schule wann um Spenden anzuschreiben wären. Es sind ca. 30 Adressen angeführt.

Nach seiner Eheschließung mit Maria Sommerer wurden die Kinder Hermine (1910), Heinrich (1911), Willibald (1912), Berta (1913), Grete (1915), Karl (1917), Hans (1919) und Volker (1923, + 1924) geboren. Das Schulhaus in Ulreichsberg hatte ein Lehrzimmer von 10,2 x 6,4 Metern. Das Lehrerwohnhaus war angebaut und hatte drei Wohnräume.

Groß war die gegenseitige Hilfsbereitschaft (Unglück beim Vieh – Heimsuchen bei Wöchnerinnen und Kranken).

Hier arbeitete ich zum erstenmal körperlich schwer und dauernd; bei der Ernte bei den Schwiegereltern; ich lernte einen großen Garten betreuen, zuletzt hatten wir auch eine Kuh.

Die Schulgemeinde erhielt ihre Schule mit Hilfe eines Grundbesitzes, eines Bauernhauses mit Eigenjagd. Ich war Rechnungsführer, lernte mit dem Grundbuch umzugehen, „in der Mappe" lesen, Holz messen, auf die Güte der Wiesen, der Weide und des Holzes achten, befasste mich praktisch mit einer Hypothek und deren Abtragung in Annuitäten, verfasste Pachtverträge und ging die Grenzen ab. Mir oblagen die Feiern der Schulgemeinde, ich gab den Verstorbenen das letzte Wort an der Schwelle ihres Hauses, zu mir kamen die Leute, wenn sie etwas Wichtiges zu schreiben hatten. Als das „Luftkeuschengesetz" 1921 den Holzarbeitern die von den Vorvätern gerodeten Gründe gegen geringe Entschädigung zusprach, nahm ich für jedes Haus die Parzellen auf und stellte als Vertreter des ganzen Ortes die einzelnen Anträge. Ich war nur noch zu jung und zu unerfahren, um den Leuten noch mehr sein zu können. Meine ganze Lebenszeit hätte ich darangeben müssen!

So klar die Berufsgliederung, die Aus- und Einfuhr, die Ab-und Zuwanderung des kleinen Ortes zu übersehen waren, so lernte ich auch in der Schule, was für jeden geistigen Menschen das Wichtigste ist: In großen Zusammenhängen zu denken! Wie ich die verschiedenaltrigen Kinder schon vor der Schulzeit kannte, so neben- und nacheinander unterrichtete, lernte ich die einzelnen Beobachtungen und Erfahrungen in die Entwicklung des Kindes einzuordnen. Dazu gab mir meine eigene Kinderschar noch besondere, reiche Gelegenheit.

Hier erlebte ich den ersten Weltkrieg, seine Not und Entbehrungen mit einer großen Familie, fast hätte ich meine Frau verloren. Hätte mich die Familie nicht zurückgehalten, ich wäre freiwillig eingerückt. Ich wurde kurzfristig bis zum Kriegsende immer wieder enthoben. Ich sah das Grauen des Krieges immer nur mit den Augen anderer, vor allem unserer Urlauber und einiger Bücher, denn ich hielt noch keine Tageszeitung! Es erschreckte mich tief, als ein Urlauber mir gestand, auch unsere Soldaten hätten sich Grausamkeiten gegen eine fremde, hilflose Bevölkerung zuschulden kommen lassen. Wie,

52. Volksmission *nach dem ersten Weltkrieg hat, laut Schulchronik, ein China-missionar Ulreichsberg besucht und mit seinem strengen Christentum auch politischen Unmut erregt.*

53. Republikaner und Einzelgänger

54. Familienüberlieferungen

55. Lehrerführer
In dem Familienblatt für den Enkel Werner Weinstabl vom Sept. 1955 heißt es:
„Ich arbeitete bereits in der Schulreform und wurde, als 1919 unter Otto Glöckel eine neue Zeit für die Schule anbrach, Führer der Lehrerschaft in der Gegend Annaberg – Mitterbach. Als die Lehrer des oberen Erlauftales bis St. Anton und Mariazell zu uns stießen, wurden wir eine große, allseits anerkannte „Arbeitsgemeinschaft". Eine Versammlung, sie fand alle 6–8 Wochen statt – bedeutete für mich als Obmann eine gewaltige Arbeit. 14 Tage vorher, wenn die Einladungen mit den Fragen zur Versammlung schon ausgesendet waren, begannen die Vorbereitungen. Wenn ich nicht selbst ein Referat hielt, so befaßte ich mich doch so eingehend mit den Gegenständen, daß ich jederzeit für einen erkrankten Referenten einspringen konnte. Am Tage der Versammlung brach ich am frühesten Morgen auf – es waren einige Stunden zur Landesbahn, längs der unsere Zusammenkünfte wanderten – und kehrte zu später Nachtstunde wieder heim. Dann arbeitete ich wohl 14 Tage, die Ergebnisse der Versammlung zu sichten."

56. Liberalismus, Vernunftglaube, Erbsünde, Erbmasse

57. Kampf des Erziehers auf Gottesglauben gegründet

mein Nachbar, der doch keiner Maus etwas zuleide tun kann, hat dort einen Menschen gequält, nicht in dem harten, erbitterten Kampfe des Schlachtfeldes? So wurde ich, nicht wegen der sinnlosen Zerstörung von Menschenwerk und Verschwendung von Material und Arbeitskraft durch den Krieg, ohne das Opfer des Lebens für das Vaterland gering zu achten, allmählich zum Kriegsgegner und schloß mich den Sozialdemokraten an, nicht zuletzt auch wegen ihrer entschiedenen Schulfreundlichkeit. Ich versuchte mir die sozialen Fragen von den religiösen Grundfragen her zu klären. Darum sind meine Äußerungen darüber, außer gelegentlich in Briefen, merkwürdigerweise in einigen Weihnachtsreden niedergelegt, die sich mit dem wahren Frieden, dem Kommen des Gottesreiches beschäftigen.

Ich war wohl von Hause aus im gewissen Sinne Republikaner, gegen eine Führung des Volkes durch Erbmonarchen, noch dazu von „Gottes Gnaden", fühlte ich doch die Schwächlichkeit der Demokratie in der Unverantwortlichkeit ihrer Führer und der Unzulänglichkeit menschlicher Gesetze überhaupt. Ich war zugleich ein ausgesprochener Einzelgänger, der es ängstlich vermied, sich an Freunde und Parteien zu binden, der mit hingebungsvoller Arbeit für die Allgemeinheit sich loskaufen wollte von lästigen Bindungen, der in dem staatlichen Gesetz den Zügel der Masse sah, nicht aber den sittlichen Fortschritt. Darum kämpfe ich mit den bedrängenden Fragen in der Einsamkeit, die mir ein tägliches Bedürfnis ist, am liebsten in der freien Natur, und suche dazu nicht die christliche Gemeinschaft mit ihrem Zufall in der Wahl des auszulegenden Gotteswortes. Das Christentum kommt meiner Art entgegen. Wohl setzt die Bergpredigt als schwerste Aufgabe das rechte Zusammenleben der Menschen, aber sie erwartet ihre Lösung von der Läuterung des einzelnen Christenherzens. Träumte ich früher wohl von einem stetigen sittlichen Fortschritt der Menschheit, im Geiste des Liberalismus, so erkannte ich nun die Tatsache, die das Christentum „Erbsünde" nennt, andere „Erbmasse", während Goethe von zwei Herzen spricht, die in unserer Brust wohnen.

Damit ist neben allen wünschenswerten Gesetzen unserer staatlichen Gemeinschaft ein nie endender Kampf gegeben, ein unermüdlicher Kampf aller Erzieher mit der Trägheit der Unmündigen, aber auch ein stetes Ringen selbst des Reifsten in seinem Inneren. Über dieser Erkenntnis verlor ich nicht die Zuversicht, mein Gottesglaube bleibt das tiefe Vertrauen zu dem in allen guten Menschen, in dem Guten aller Menschen allgegenwärtigen Gott. Unser Denken als Erzieher muß, wieder im Sinne der Bergpredigt, die Wurzel der Übel erfassen.

58. Freidenker

59. Sowjetrußland, edle Bolschewiken, herrschendes Mitteleuropa,
Gewalt ruft Gewalt

Spenden Schweden, Holland, Ausspeisung
Geldentwertung

F.   An der öffentlichen Schule:
St. Aegyd 1922-1926

60. Neue Not: Verlust von Dienstjahren
*Nach dem Lehrergehaltsschema von 1914 hätte das Gehalt von H. Kinzelmann durch den
Übertritt in die öffentliche Schule 1922 gegenüber der Evang. Privatschule Ulreichsberg um
ca. 14 % steigen müssen. Das Endgehalt an der öffentlichen Schule wäre um fast 50 % höher
gewesen, als das in Ulreichsberg. Durch den Verlust von 8 ½ Dienstjahren sank aber das Gehalt zunächst um 24 %, erst mit dem nächsten Stufensprung war es 5 % höher. So war Kinzelmann eigentlich zunächst um die finanzielle Besserstellung „umgefallen".*
*Die Töchter Berta (geb. 1913) und Gretl (geb. 1915) hatten 1928 und 1929 die Aufnahms-
prüfung in die staatliche Lehrerbildungsanstalt Wien III, Boerhaavegasse bestanden. Den
Freiplatz erhielt Gretl.*

61. Bewährung meiner Frau

62. Kulturarbeit in der sozialdemokratischen Partei
*Der erwähnte Chorleiter Emmerich Lichtenegger (1894-1977) stammte aus der Evangelischen
Familie Lichtenegger (Zuwanderung aus Goisern) in Lahnsattel-Neuwald. Sein Vater war
aber durch Heirat katholisch geworden. Emmerich L. war Werkzeugmacher im Werk St. Aegyd und ist ein herausragender Vertreter der bildungswilligen und bildungsbewussten Arbeiterschaft dieser Zeit. Besonders stolz war er darauf, dass er als einziger Arbeiter den Chormeis-
terlehrgang in Wien besucht hat.*

Aus dieser Darstellung geht wohl hervor, dass ich ein Gegner der sozialdemokratischen „Freidenker" war, die in einem längst überwundenen Materialismus befangen, alles Heil von der „Wissenschaft" erwarten.

Ich möchte zwei Äußerungen aus den Weihnachtsreden besonders hervorheben:
1917: – Die edel gesinnten Menschen, die jetzt Russland leiten, wollen das Los unserer Gefangenen erleichtern, sie wollen um des Menschheitsfriedens willen das Opfer auf sich nehmen, auf alle Eroberungen zu verzichten.
1918: – unsere früheren Herrscher wollten doch, wenn wir die besten Absichten bei ihnen voraussetzen, unsere Feinde um des Weltfriedens willen völlig unterwerfen. Sie wollten ein großes Mitteleuropa gründen, unter der Vorherrschaft der Deutschen über viele kleine Völker. Und unser M.E. sollte auch weiterhin noch gerüstet, bis an die Zähne bewaffnet den Weltfrieden erhalten. Als wenn nicht die Gewalt, auch wenn sie es noch so gut meinte, immer wieder die Gewalt herausforderte! – Hätten wir viel mehr rechte Christen im Lande, so wäre uns vieles Leid erspart geblieben.

Im Jahre 1922 ging ich an die öffentliche Schule, und zwar nach St. Aegyd. Durch einen Kuhhandel der politischen Parteien hatte ich großen persönlichen Schaden. Da wahrscheinlich viele Klosterbrüder der öffentlichen Schule zustrebten, einigten sich Schwarz und Rot im Landtage dahin, wahrscheinlich über Drängen der Sozialdemokraten, nur höchstens 8 Jahre Vordienst anzurechnen. Dadurch verlor ich 8 ½ Dienstjahre und diente darüber hinaus 7 Monate mit dem Gehalte eines Anfängers, und das bei zehnköpfiger Familie und doppeltem Haushalte! Wohl verschaffte mir Nationalrat Glöckel einen Freiplatz für in der Bundeserziehungsanstalt Wien III für meine Gretl! Auch die evangelische Gemeinde St. Aegyd unterstützte mich tatkräftig, wofür ich ihr Organistendienst leistete.

Es waren schwere Jahre, in denen wir uns nur mit der Anspannung aller Kräfte behaupteten, auch die Kinder trugen schon ihr Teil dazu bei. Meine Frau war eine wahre Künstlerin, aus billigsten Nahrungsmitteln eine ausreichende und schmackhafte Kost herzustellen.

In den ersten zwei Jahren – dann nahm die Vorbereitung zur Bürgerschulprüfung meine Kräfte in Anspruch – widmete ich mich sehr der sozialdemokratischen Partei, d.h. ihrer Kulturarbeit, während ich zum Tadel des Bürgermeisters keine politische Funktion annahm. Im 1. Halbjahr, als ich allein in

Arbeitergesangsverein „Vorwärts" St. Aegyd, ca. 1926 mit Chormeister Emerich Lichtenegger (weißer Punkt). Auf der Rückseite von H. Kinzelmann beschriftet.   Archiv Weinstabl

Kursbestätigung für den Chormeisterkurs 1928, den E. Lichtenegger als einziger Arbeiter besucht hat
Archiv Lichtenegger

Silberhochzeit Familie Kinzelmann am 31.3.1935: Julie Kraft, Hansl v.d. Bergerhöhe (Knecht bei Kraft), Maria Sommerer (Mutter von Maria Kinzelmann und Leopold Kraft), Maria Kinzelmann, Willi Kinzelmann, Heinrich Kinzelmann sen., Berta Kinzelmann, Leopold Sommerer, Hermine K. (Weinstabl), Werner Weinstabl, Heinrich K.   Evang. Pfarramt Traisen

Hohenberg im Flaggenschmuck März 1938   Archiv Weinstabl

63. Konfessionell gebunden – Genosse zweiter Güte

Auch Chorleiter Emmerich Lichtenegger gehörte ab 1924 nicht mehr der katholischen Kirche an.

64. Vorträge bei den Freidenkern – die Grenzen der Wissenschaft

65. Schulreform – Klassenrepublik?

66. Die rohe Klasse

St. Aegyd war, hatte ich ein gewisses Verlangen nach Geselligkeit und diente den „Kinderfreunden" mit Singstunden. Dem Arbeitergesangverein gehörte ich die ganze Zeit an, verlebte dort manche schöne Stunde und freute mich herzlich an den Erfolgen des tüchtigen Chormeisters Lichtenegger, die wir auf den Gaukonzerten (Wilhelmsburg, St. Pölten) errangen.

Einmal wollte mich ein Teil der Mitglieder, der aber in der Minderheit blieb, ausschließen. Ich hatte nämlich in der evangelischen Kirche einen kleinen, aber sehr leistungsfähigen gemischten Kirchenchor, in dem auch ein anderes Mitglied des Arbeitergesangvereines durch seinen schönen Bariton unentbehrlich war. Meine Treue zur evangelischen Kirche stempelte mich in den Augen vieler Sozialdemokraten zu einem unzuverlässigen Parteigenossen zweiter Klasse.

Der Punkt des Programms „Religion ist Privatsache" galt nur während eines Wahlkampfes, wenn die Freidenker in der Versenkung verschwunden waren. Wenn auch Otto Bauer gesagt haben soll: Wir dürfen im frommen Burgenland nicht anders sprechen als in Ottakring! – in Wirklichkeit machte man es so, und die Feindschaft gegen die Kirche mußte zumindest zu „erfrischenden" Schlagern der Redner herhalten.

Zu den Freidenkern trat ich in ein eigenes Verhältnis. Lange Zeit besuchte ich alle ihre Veranstaltungen, besonders alle Diskussionsabende, beteiligte mich lebhaft an den Debatten und hielt ihnen auf Wunsch viele Vorträge. Natürlich war ich wachsam, alle ungerechten Angriffe auf die Kirche abzuweisen und immer wieder zur strengen Trennung von Konfession und Religion anzuhalten. Meine Vorträge, die scheinbar sehr harmlose oder freie, geistige Gegenstände behandelten („die Lebensgeschichte eines Kohleteilchens", „die natürliche Schule"), zeigten immer wieder die eng gezogenen Grenzen der Wissenschaft gegenüber dem Unerforschlichen.

In der Schule waren mir durch Jahre immer die ältesten Kinder zugeteilt, die noch an der Verwilderung und Vernachlässigung der Kriegs- und ersten Nachkriegsjahre litten. Es gelang mir, sie auf eine dem Alter entsprechende Höhe der Leistungen zu bringen, was mir der Bezirksschulinspektor durch seine Anerkennung bezeugte. Hier hatte ich ein sehr lehrreiches Erlebnis, das in den Bereich Schulpolitik gehört. Ich versuchte gleich anfangs, ausgerechnet in einer verrohten Klasse, eine sehr weitgehende Freiheit in Bewegung

67. Besuch Pfarrer Ungnads

Nach Kinzelmann ist der evang. Volksmissionionar Max Monsky in St. Aegyd vom 16. bis 18. Mai 1922 im Gasthaus Perthold nicht so gut angekommen wie Pfarrer Joachim Ungnad zu Ostern 1923.

und Gespräch einzuführen, womit ich natürlich Schiffbruch erlitt. Daraufhin führte ich – vor Weihnachten – eine Kasernenhofdisziplin ein, die ich während des Schuljahres nur ganz allmählich lockerte. Eine kleine Gruppe der schneidigsten Buben, an denen ich später manche Freude erlebte, begab sich darauf in Kriegsbereitschaft. Durch ihren Zwang auf die übrige Klasse erreichten sie, daß mir das an der Schule übliche Weihnachtsgeschenk versagt blieb. Die Sache machte bei den sozialistischen Eltern einiges Aufsehen, und es kostete mich Mühe, sie von einem Eingreifen in meine Kreise abzuhalten. Dagegen setzte ich im Lehrkörper leicht die Abschaffung der Geschenkunsitte durch. Daß ich mit meiner strengen Zucht, auch bei dem bald wiederkehrenden fröhlichen Leben der Klasse, auf dem rechten Weg war, bewies ein Erfolg: Dieselben Kinder legten mir am Schlusse des Schuljahres reiche Feriengeschenke auf den Schultisch, die ich natürlich ablehnen musste. – Wenn unser Volk anscheinend noch nicht reif für die Demokratie ist, wenn die Gesetzgebung den Achtzehnjährigen noch nicht wählen läßt, was soll dann das Republikspiel in der Schule, hinter dem doch die Autorität des Lehrers wachen muß? Vergessen wir nicht in der Freude an der neuen Demokratie die alte Volksweisheit vom Gehorchenlernen. Fassen wir die Jugend etwas rauh an und mühen uns nicht in allzu weichlicher Weise um die „Eigenart" des einzelnen. Dem Lehrer, der sich die Führung einer Klassenrepublik zutraute, wird es auch ohne Mätzchen gelingen, die Klasse zu fröhlichem, zusammenwirkenden Schaffen zu bewegen und dem einzelnen sein Stück Eigenleben in dieser Bewegung zu sichern.

Gute Aussprüche unserer Denker über „Gehorsam" gesammelt in Dr. Fr. W. Foerster „Schule und Charakter", gelesen Sept. 1926.

1923 besuchte mich mein lieber Pflegevater von Klostergrab, Pfarrer Ungnad, der nach seiner Ausweisung aus Böhmen zuerst bei Chemnitz im Kohlerevier, dann in einem Arbeiterviertel Berlins arbeitete. Er war innerlich von der im Grunde verfehlten „Los von Rom Bewegung" abgerückt und mühte sich um die Arbeiterschaft.

Seine Wandlung vom „Protestanten" zum religiösen Sozialisten und Pazifisten.

Er kam im Auftrag der Inneren Mission und sprach in einem öffentlichen Vortrag über den „Bankrott des Christentums?". Die Versammlung war auch von Sozialisten und Freidenkern zahlreich besucht; der Vortrag des ausgezeichneten Kanzelredners erregte nicht den Sturm eines früheren öffentlichen Vortrages 1922, weil doch die echte Teilnahme an dem unsicheren Lose der Arbeiter zu stark durchklang.

68. Predigt Vater Ungnads
Textstelle: Brief des Apostels Paulus an die Römer Kap. 8, Vers 28.

69. Freidenkerdiskussion

70. Die junge NSDAP
Die NSDAP war zunächst unter dem Namen DAP am 5.1.1919 als eine der nach 1918 ent-
standenen völkisch-antisemitischen Gruppen in München gegründet worden. A. Hitler stößt im
Sept.1919 zu dieser Gruppe, erarbeitet das 25-Punkte-Programm von 1920 und wird 1921
Vorsitzender.
Auch in Österreich war die Haltung der Evang. Pfarrer – mit ganz wenigen Ausnahmen –
sehr konservativ und deutschnational. Der Gemeindesprengel Lahnsattel ließ sich 1920 von
Mitterbach nach Mürzzuschlag umpfarren, weil der Mitterbacher Pfarrer Krückeberg den
Kriegsheimkehrern („Nie wieder Krieg!“) zu nationalsozialistisch-militaristisch war.

71. Stellung zur Judenfrage: Glesinger, Baumgarten, Trampus. Die „Unzufriedene"

Vater Ungnad hielt auch in unserem Kirchlein eine feine Predigt über einen Leitspruch meines Lebens: Denen die Gott lieben, müssen alle Dinge zum besten dienen (Römerbrief). Wir sprachen auch in der Freidenkerdiskussion über den Vortrag Ungnads, ich fand hinter aller gesuchten Ablehnung des Christentums doch scheue Achtung und war glücklich in dem Gefühle vollendeter Duldsamkeit nach allen Seiten.

Bücher durch Freund Traxler: Die Entdeckung der Heimat, Vom Arbeiter zum Astronomen. Schuldfrage des Krieges und Militarismus 1923 E. Zola „Arbeit" gelesen.

Mit zwei führenden Männern der jungen NSADP kam ich schon in Ulreichsberg 1919 in Fühlung: unserem Pfarrer Krückeberg und Postmeister Schaden in Türnitz. Damals trennte uns die Kriegsschuldfrage, die Ansichten über den „Dolchstoß von hinten" und die Judenfrage.

Ich hatte in Ulreichsberg zweierlei Juden an jeweils einem Beispiel kennengelernt: Beim Holzverkauf den die Geschäftsmoral zersetzenden jüdischen Geist, daneben aber den jüdischen Arzt Baumgarten in Annaberg, der die Wohlhabenden zu schröpfen wußte, um Arme umsonst behandeln zu können, dem ich persönlich sehr zu Dank verpflichtet war.

Nun lernte ich in einer Versammlung der „Hakenkreuzler" Mai 1923 ihr Programm kennen: Vereinigung aller Schaffenden; der Ausbeuter = internationaler Jude; über dem Kampf der Arbeiter um die Güter des Volkes steht der Kampf des ganzen Volkes um den gerechten Anteil am Weltgut; Sozialismus und Religion ergänzen einander. – Ich war damals zu sehr im Geist der Internationale und des Klassenkampfes eingesponnen.

Ich erinnere mich noch eines Streites mit Pfarrer Jaquemar, der sich in einer Predigt gegen die künstlich geschürte Unzufriedenheit gewandt hatte (es gab eine soz. Frauenzeitung „Die Unzufriedene").

In einem Bericht über eine Elternversammlung der Kinderfreunde finde ich die Mahnung der jüdischen Rednerin Trampus, die Proletarierkinder nicht für einen „höheren" Stand zu erziehen! Diese Bemerkung, verbunden mit einem häßlichen Ausfall gegen die geistigen Arbeiter erregte meiner Frau und meinen Unwillen.

G. An der Bürger(Haupt-)schule Hohenberg 1926/33

72. Als Leiter der Bürgerschule

73. Vergebliche Bewerbung um die Direktorstelle

74. Heimatnaturgeschichte: Exkursionsbuch, Geologie

75. Die Weltwirtschaftskrise – Arbeitslose Söhne
Die Söhne Heinrich und Willi, ebenso der Schwiegersohn Weinstabl waren entweder arbeitslos oder standen in Kurzarbeit.
Die ältesten Kinder konnten aus finanziellen Gründen nicht einmal die Bürgerschule besuchen. Die Älteste, Hermine, lernte gegen Kost und überlange Arbeitszeit Herrenschneiderei, Sohn Heinrich arbeitete vor der Lehrstelle in den St. Aegyder Eisenwerken ein Jahr in der Landwirtschaft. Sohn Hans erhielt überhaupt keinen Lehrplatz.

76. Die Hauswirtschaft auf hohen Touren
Die Ausstattung der Tochter Gretl für den Besuch der Lehrerbildungsanstalt wurde von der Familie vor allem durch Sammeln von Erd- und Himbeeren aufgebracht.

77. Erfahrungen mit der Arbeiterjugend in der Gewerbeschule

78. Der Parteihader treibt einer gewaltsamen Lösung zu.
    1927 Brand Justizpalast!

Meine ungünstige finanzielle Lage verbesserte sich erst, als mich der wohlwollende Inspektor, Sozialdemokrat, Hans Handl September 26 an die Bürgerschule Hohenberg zog. Nachdem der erste Direktor, Böhm, gleich wieder in Pension ging, leitete ich fast zwei Jahre die Schule bis Dez. 1929.

Von Ortsschulrat und Bezirksschulrat auch mit den Stimmen der Christlichsozialen als erster gereiht, erlangte ich trotzdem den Direktorposten nicht. Ich nehme heute an, daß ich wieder bei beiden herrschenden Parteien wegen meines evangelischen Glaubens durchfiel. Die Ernennungskommission, das heißt ihr nahestehende Schwarze, ließ verlauten, ich hätte zu wenig Bürgerschuljahre. Die Roten hatten aber einen zuverlässigeren Bewerber, wie mir eine unvorsichtige Erzählung unseres sozialdemokratischen Bürgermeisters verriet. So wurde Alois Schneider, sechs Jahre jünger als ich, Direktor: er hatte wiederum fast keine Volksschulerfahrung. Ich ließ es mich aber nicht anfechten, sondern arbeitet tüchtig für die Schule, vor allem in der Richtung einer „heimatkundlichen Zusammenhangslehre".

Die „Scheinkonjunktur" der Nachkriegsjahre wich einer immer schärfer wachsenden Weltwirtschaftskrise. Mein Gehalt sank durch den Abbau mehr, als es durch die Dienstjahre stieg. Die ältesten Söhne und der Schwiegersohn wurden Kurzarbeiter oder arbeitslos. Die anderen Kinder waren noch im Studium oder in der Lehre und fanden nachher keine Anstellung, meinem immerhin noch guten Einkommen stand eine wachsende Schar von hungrigen jungen Leuten gegenüber. Nun zeigte es sich aber, dass wir nicht umsonst durch eine harte Wirtschaftsschule gegangen waren und allerhand hinzugelernt hatten.

Wenn auch viele Anschaffungen, besonders an Kleidern, zurückstehen mussten, so hielten wir doch durch gemeinsame Arbeit das Budget im Gleichgewicht. Wir schlugen unser Brennholz selbst im Walde und leisteten dem Schwager, einem landwirtschaftlichen Pächter, Erntedienste. Wir schafften vor allem reichliche Nahrung durch restlose Ausnützung eines großen Gartens: Kunstdünger, Zwischenfruchtbau, Schweinehaltung und Bienenzucht. Ich lernte vieles Neue, das ich auch im Unterricht der Hauptschule verwendete: die Verwendung des Kunstdüngers und die Humusfrage, die Bienenzucht, die Berechnung der menschlichen Ernährung nach Pirquet.
Gelesen: 1927 R. Eucken: Lebensanschauungen großer Denker. R. Lamprecht; Das historische Denken.

79. Treue zur Sozialdemokratie trotz aller Selbständigkeit und Kritik

80. Lebenspläne, Selbstbeschränkung in der Arbeit

81. Dogmenfreie Religion
82. Philosophie von Erdkunde
83. Gottvertrauen
84. Soziale Frage. Demokratie

85. Politisch Lied, ein garstig Lied – Gegen Politik für Kinder
    Übermut des agrarischen Kurses

In den Jahren 1926 bis 1934 stand ich, ohne viel darüber zu reden, unbedenklich zur Sozialdemokratie. In einem langen Brief an eine ehemalige Schülerin in Gablonz begründete ich meine Stellung zur Sozialdemokratie und verscherzte mir dadurch ihre Antwort.

In einem „Arbeitsplan für den Rest meines Lebens" (April 1927) stellte ich einen Irrtum meines Lebens fest: die Vereinigung von strenger körperlicher und geistiger Arbeit als soziale Forderung. Heute denke ich darüber, dass ein Jahr strengster Arbeitsdienst für die studierende Jugend genügen wird, Verständnis für die Forderungen des Handarbeiters und besonders des Schwerarbeiters zu gewinnen. Wir brauchen einen festen Standpunkt außerhalb der (engeren) christlichen Lehre. Der ist die auf die Entwicklungslehre gegründete soziale Weltanschauung, die, wenn tief gegründet, wohl mit einer dogmenfreien Religiosität vereinbar ist. Sind aus den Umweltfaktoren vom Boden bis zum Tier die menschlichen Daseinsbedingungen bis in die seelische Eigenart hinein aufgebaut, so bleibt schließlich als Rest, was wir Rasse und politische Geschichte nennen. Im Juli 1930 bekenne ich mich in meiner sehr ernst gemeinten Bewerbung um die Direktorstelle der evangelischen Mädchenschule in Graz (Gemeindeglieder zum großen Teil nationalsozialistisch eingestellt) ausdrücklich zur Sozialdemokratie und zur freien Gewerkschaft; ich wurde natürlich auch mit „Hochachtung" abgelehnt. Von einer politischen Betätigung ist in diesem Lebensplan keine Rede.

„Meine besondere Art Gottvertrauen als konfessionsloser Mensch, daß einem, der sozial denkt und wirkt, dem sein Beruf Gottesdienst ist, alle Guten helfen müssen und werden (Röm. 8,28)."

5.8.1928: „ Ich will der evangelischen Kirche weiterhin angehören, wenn auch auf der äußersten Linken, denn ich hoffe, es liegen in ihr noch die Möglichkeiten zu einer wirklich freien Volkskirche".

Republikfeier 1928: Arbeitslosigkeit und Wohnungsnot sind Nachwehen einer Krankheit, der Krieg, der soviel Elend verschuldet hat, fällt in die Zeit der Monarchie! Die Republik braucht gebildete, arbeitsame Menschen.
28.12.1928: Der Schulleiter muss die Gesinnungen der Menschen in der letzten Hütte würdigen lernen und nicht hochmütig über sie hinweggehen.
Geographie, eine Art Philosophie der natürlichen Existenzgrundlagen der Menschheit – Entfremdung von der Scholle – Sinken des Gemüts und sittlichen Wertes, Niedergang. Auf dem Wege zum Weltfrieden – Weltwirtschaft

86. Alkoholfrage

87. Reisen mit dem Fahrrad

88. Soziale Frage und Naturwissenschaft

89. 1934 bis 1938: Die Zeit der österreichischen Diktatur Dollfuß – Schuschnigg

politische Zurückhaltung

liegen noch sehr dunkle Probleme der menschlichen Leidenschaft, deren eines ich mit dem Worte „Rasse" andeuten will.

30.12.1932: Ein betrunkener Bauer auf dem Bahnhofe offenbart in der Hemmungslosigkeit des Trunkenen die Verhetzung durch den Klerus, den Übermut des agrarischen Kurses, die Gegensätze zwischen den Parteien und Ständen werden immer größer, niemand bemüht sich, sie zu überbrücken

Sommer 1932: Der wilde „Fußballklub" der Arbeitslosen verursacht mir viel Schaden im Garten. Auf meinen heftigen Einspruch hin werde ich als „Rückschrittler" benamst.

12. November: Mit Nationalrat Schneeberger spazieren gegangen. Der Alte – als Redner in Versammlungen ein fremder Hetzer.

5. Nov.: Alkoholvortrag: Aus meinem Leben. Die größten Versuche zur Gesundung der Menschheit: das Alkoholverbot der USA. – Die Sowjetrepublik.

Tagebuch 1933 Reise nach Wien IX: Unterhaltung mit einem aufdringlichen, eingebildeten Menschen über Chemie: Sollte so eine gesteigerte Rechthaberei mehr nationalsozialistischer Art oder mehr großstädtische Prahlsucht sein?
Als Gast bei dem jungen Freund Ernst. Schluß: Rationalistisches Denken und Lebenskunst.
Bei der Gemeindeschwester in Hietzing 8. Sept.: Gespräch über die verlorene soziale Fürsorge.
11. Sept.: das Heimatmuseum des Juden Sandor Wolf in Eisenstadt besichtigt.
Reise 1936: 8. Sept. im Hallstätter Pfarrhaus, jüdische Frau, SA und Vaterländische Front.

Vortrag: Der Kampf ums Dasein, Eigennutz und Gesetzgebung, Mensch und Maschine. Wissenschaft der Nahrung: Erzeugung künstlicher Nahrungsstoffe.

Gegen 1934 wurde ich freilich der Parteigehässigkeit überdrüssig und ließ in einer Versammlung der „Freien Gewerkschaft" in Traisen meinem Unmut über den Ton unserer Fachpresse freien Lauf. Ich versicherte, dass ich trotzdem nicht wie eine Ratte das sinkende Schiff verlassen wolle. Der rüde Ton des politischen Schimpfens wurde auch von der Schuljugend nachgeahmt, „Roter Hund" und „Schwarzer Hund" waren die Kampfrufe ihrer politischen Raufereien.

90. Das Katholische Österreich – Zivilcourage

91. Viel Arbeit für evangelische Gemeinde

92. Anziehung der NSDAP auf die Jugend
     Mein Widerstand gegen die NSDAP

In dem Kampfjahr 1934 verhielt ich mich ruhig und zog mich bis 1938 ganz zurück. Vaterländische Front („VF") und Einheitsgewerkschaft waren ja Zwang für jeden öffentlichen Angestellten, aber niemand holte mich zu einer Funktion. Ich leistete wie die anderen den feierlichen Handschlag, keiner verbotenen Partei anzugehören und hielt meinen Diensteid bis zum Umbruch 1938.

In den Kampftagen des Februar 1934 konnte ich mich freilich nicht enthalten, die Gewalttaten der Heimwehr im nahen Aegyd öffentlich zu verurteilen. Dann war ich einmal im Oktober 1936 gezwungen, gegen den eifernden katholischen Pfarrer aufzutreten, der uns den Zeichensaal der Schule für unsere evangelischen Gottesdienste nicht gönnte. Ich war damals, nach der Erkrankung Schneiders, wieder einmal provisorischer Leiter der Schule. Weil ich dem übermütigen Priester einige unangenehme Wahrheiten gesagt hatte, setzte man mir in Kürze einen bezirksfremden Direktor vor die Nase, die Kameraden des Bezirkes hatten abgelehnt. Er war ein Pfarrhausgünstling, sonst ein leidlicher Mensch, der sich bald zum Gesangsverein und den bürgerlichen Nationalen hielt, ein guter Lehrer und als Leiter streng auf seine Unabhängigkeit vom Ortsschulrat bedacht. Vorne warf man mich vom Ortsschulrat hinaus, von hinten kam ich als gewählter Vertreter der evangelischen Gemeinde wieder hinein.

In dieser Zeit widmete ich der evangelischen Gemeinde einen großen Teil meiner freien Zeit und diente ihr lange Jahre als Kassier („Schatzmeister") und auch als Kurator.

Die katholische Kirche war in der Zeit des christlich-autoritären Ständestaates allmächtig und ließ es die Evangelischen auch spüren. Ich persönlich war fest in meiner Stellung und im Ansehen der Bevölkerung, aber meine Studentinnen konnten keine Anstellung finden. Schließlich trat ich 1937 aus einer Art Protest dem unpolitischen Lehrerverein bei, der trotz aller Beteuerungen doch der Sammelplatz der Nationalen Gewerkschaft des Regimes war. Ich lege aber großen Wert darauf, festzustellen, dass ich mich an das Jesuswort hielt: „Gebet dem Kaiser ...".

Meine beiden jüngsten Söhne, Karl und Hans, wußten es daheim geschickt zu verbergen, daß sie damals illegal der HJ angehörten. Sie verbüßten vier Wochen Gefängnis wegen „Geheimbündelei" in St. Pölten, zu meiner Empörung unter kriminellen Häftlingen, während der langsame, bedächtige Willi

93. Leistungen der NSDAP in Deutschland und ihre Gegner (Pazifisten und Bekennende Kirche)

Reger Verkehr mit einem führenden Pazifisten

Kinzelmann beschreibt Joachim Ungnad als Mitglied des von Friedrich Siegmund-Schultze (1885-1969) 1914 zusammen mit dem Quäker Hodgkin in Cambridge gegründeten Weltbundes für Freundschaftsarbeit der Kirchen. Siegmund-Schultze war nach dem 1. Welkrieg vorübergehend Leiter des städtischen Jugendamtes in Berlin, musste 1933 in die Schweiz emigrieren und war 1948 Gründer des sozialpädagogischen Seminars in Dortmund. Der Friedrich-Siegmund-Schultze-Preis für Friedensarbeit wird alljährlich als Förderpreis für gewaltfreies Handeln verliehen. Von 24. bis 31. August 1928 fand in Prag eine große Weltfriedenskonferenz statt, an der 530 Delegierte aus 42 Ländern teilnahmen. Unter den Teilnehmern war auch Pfarrer Joachim Ungnad. Das Deutsche Außenamt unterstützte die Veranstaltung mit 12.000 RM. und der tschechoslowakische Präsident Tomas Masaryk sandte ein Grußtelegramm. Dieter Bonhoeffer war von 1933 bis 1935 internationaler Sekretär des Weltbundes in London. An den internationalen Tagungen des Bundes haben aus der österreichischen evangelischen Kirche von 1914 bis 1935 z.B. Alphonse Witz-Oberlin (der Schwiegervater von Hans Jaquemar), Johann Wetjen, Sup. Koch, Paul Spanuth, Gustav Entz, Walther Stökl, Franz Fischer, E. Schneider, G. Traar ... teilgenommen.

94. Christentum und Partei

Die Bekennende Kirche ist vor allem durch die Bekenntnissynode von Barmen (Mai 1934) bestimmt, in der betont wurde, dass die Botschaft des Evangeliums Vorrang gegenüber der Politik hat. Damit hat sie sich den Wünschen des nationalsozialistischen Staates nach einer staatlich gelenkten „Reichskirche" widersetzt.

den Häschern nicht auffiel; er ging als Landarbeiter nach Deutschland und ging dort gleich zur „Österreichischen Legion" über.

Wenn wir auch trotz der Greuelmeldungen unserer Zeitungen allmählich erkannten, dass im Bruderreich ein gewaltiger Neubau im Gange sei, so milderte sich mein inneres Widerstreben gegen die Gewaltmethoden der NS-Partei nur wenig, und aus den Februartagen 1938 ist mir eine Äußerung darüber noch erinnerlich.

Schließlich stand ich ja auch mit einem Führer der Evangelischen Friedensliga Deutschlands, also einem energischen Pazifisten, der zugleich Vorstandsmitglied des „Weltbundes für Freundschaftsarbeit der Kirchen" war, in regem Briefwechsel. Es war mein lieber Pflegevater Ungnad, Superintendent in dem Vororte-Landkreis Straußberg am Rande Berlins, einem ausgesprochen kommunistischen Arbeitslosenviertel. Seine ausgesprochen sozialistische Gesinnung – ohne Parteibindung und -zugehörigkeit –, seine Wohlfahrtsaktionen ohne „Anpredigen" öffneten ihm die Türen zu den Arbeiterherzen. Er „evangelisierte" viel im Auslande, so in Serbien, und nahm an den großen Tagungen der Friedensliga, so an dem Weltfriedenskongreß in Prag 1929 teil. „Je mehr wir innerlich reifen, umso morscher und sinnloser kommen uns die Zäune vor, die Menschen zwischen sich und ihren Brüdern aufrichten (27.3.1929). „Das Wort „Feind" ist immer noch nicht aus dem Lexikon der guten Kirchenchristen eliminiert". Er bestieg auch gerne die „Zeitungs-Volkskanzel". Am 7.1.1933 stellt er fest, „dass wir innerlich zusammengefunden haben". Ungnad versah mich auch reichlich mit den Kampfschriften der „Bekennenden Kirche" und den Flugschriften der Friedensfreunde.

Es ist zu begreifen, dass für diesen Mann mit der „Machtergreifung" eine schwere Zeit hereinbrach; er war unter den Verdächtigen, Verfemten, Verfolgten; nur seine Diensttreue bewahrte ihn vor Ärgerem. Er wurde pensioniert, ein disziplinarreifer (?) Pfarrer an seine Stelle gesetzt (11.7.1933). Er getraut sich nicht, seine Briefe mit vollem Namen zu unterschreiben, da das Briefgeheimnis nicht mehr gilt! Er findet begreiflicher Weise harte Worte für das religiöse Treiben der Partei: *„Hitler will wohl den Fehler des Marxismus vermeiden, den Menschen nur für einen ‚Erdenkloß' zu halten, aber die nationalsozialistische Weltanschauung Rosenbergs ist eine primitive Religion mit Vergötterung des Blutes, der Rasse, des Führers, die man nur nicht als Religion zu proklamieren wagt, um nicht den Besuch der Olympischen Spiele zu gefährden! Manchem Juden habe ich schon zum Trost*

H.   1938-1945 Im Dritten Reich

95. Pfarrer Ungnad bleibt auch dem braunen Heinrich treu

Österreich wurde 1938 geistig überwältigt

96. Die Stellung der jungen Leute

gesagt: Sie tragen mit an der Schmach Christi! (4.1.36). Was wir in den letzten zwei Jahren in der Kirche erlebt, spottet jeder Beschreibung! Hitler erstreckt seinen Totalitätsanspruch wie der Bolschewismus auch auf das religiöse Empfinden, im Gegensatz zu dem klügeren Mussolini! Seit meiner Pensionierung habe ich in 3/4 Jahren 394 mal geredet; ich versuche eine gemeinsame Abwehrfront zwischen Katholiken und Evangelischen aufzubauen, kein „breiartiges Gebilde", ein Nebeneinander für Christus."

Wie groß war die Verwunderung meines lieben Pflegevaters, mich (30.1.39) als begeisterten Nationalsozialisten wiederzufinden! Aber er tadelte mich nicht, er sah darin nur eine Führung Gottes, so wie er ihn von einem unreifen, oberflächlichen Kampf in der vordersten Front der Los-von-Rom-Bewegung (statt „hin zum Evangelium" einer unseligen Verquickung von Religion und Politik) über die Kritik an der (Staats)Kirche zur Christus-Front geführt habe. Er gab zu, dass wir in Österreich den Klerikalismus anders sehen, auch er habe für vieles zu danken: Beseitigung der Arbeitslosigkeit, die Wiederherstellung des Ansehens Deutschlands, die gewaltigen Leistungen des Vierjahresplanes, Überwindung mancher sozialer Schäden und anderer – aber er nahm das harte Wort nicht zurück: *„Was sich auf der Lüge aufbaut und durch harte, brutale Gewalt zu erhalten sucht, kann nicht auf 1000 Jahre bestehen."* Er ließ in späteren Briefen am Rande durchblicken, dass er auch als Deutscher fühle, sich an einer kraftvollen Rede Hitlers freue, die *„uns im Äther vereint habe"*, erzählte von seinen Soldatensöhnen, er erzählte mir bis zu seinem Tode immer wieder von seiner Arbeit.

Ja, der Umbruch 1938 hatte uns Österreicher überwältigt! Ich wurde gefragt, ob ich denn nicht ein „Illegaler" gewesen sei, weil ich mich schon Anfang April zur Partei meldete.

Ich fand in meinen Tagebuchblättern, die gerade in jenen Tagen der endlosen Appelle, Aufmärsche aufhörten, ein Pack Aufsätze von meinen Gewerbeschülern. Sie wurden am 2.4.38 ohne jede Vorbereitung als Schularbeit geschrieben. Ich forderte ihre Meinung zu den Ereignissen und sicherte ihnen strengste Geheimhaltung zu. Die Aufsätze waren durchwegs kraftvoll, selbständig, die jungen Leute schienen wie „geladen" zu sein. Es beweist sicher ihr Vertrauen zu mir, daß so viele in kleinerem oder größerem Maße Widerspruch übten, aber doch alle Vorurteile aufgegeben hatten. Ich sah in den Arbeiten gewissermaßen Spiegel gewaltiger Volksstimmung, die auch mich mitgetragen hatte auf ihren hochgehenden Wogen.

J.   Blockleiter, Zellenleiter und Ortsgruppenleiter 1939 bis 1945

98. Tätigkeit als Zellenleiter

In der Nationalsozialistengesetzgebung von 1945 wurden die früheren Mitglieder der NSDAP in „Minderbelastete“ und „Belastete“ eingeteilt. Alle Funktionäre, die zumindest Zellenleiter waren, fielen in die Kategorie „Belastete“. Sie wurden aus dem öffentlichen Dienst fristlos entlassen bzw. später zwangspensioniert. Gegen die Belasteten wurde auf alle Fälle ein Ermittlungsverfahren eingeleitet, das in sehr vielen Fällen zu gerichtlichen Verurteilungen führte.

99. Parteifeiern

Bei zahlreichen Anlässen wurde die Beflaggung aller Wohnungen angeordnet und die Einhaltung durch die Block- und Zellenleiter überwacht. Manche protestierten dadurch, dass sie etwas kleinere Fahnen heraushängten als ihre nationalsozialistischen Nachbarn.

100. Uniformierung

Ich muss versuchen, in die tagebuchlose Zeit 38 bis 45 von kleinen Erlebnissen aus Ordnung zu bringen, umso mehr, als mir der Nervenzusammenbruch des Umsturzes 1945 die Erinnerungen verwirrt hat und zu verfälschen droht.

Die erste Erfahrung war, daß man in der NSDAP mit „sympathisierenden" Mitgliedern wie in der SDP nicht zufrieden war. Freilich, auch 1922/23 hatte mich Bürgermeister Wagner in St. Aegyd getadelt, dass ich als „Intelligenzler" kein Amt in der Partei annehmen wolle. Aber schließlich ließ man mich gewähren und war damit zufrieden, dass ich von meinem Beruf aus mein Teil für den Sozialismus leistete.

Hier gab es das von vorne herein nicht. Im Anfang wurde auf ein zackiges, festes Auftreten bei den zahlreichen Versammlungen, Aufmärschen und Appellen wert gelegt. Oft marschierten wir noch spät abends im Finstern auf den Straßen. Zuerst kannten wir noch wenige Marschlieder, am besten noch den „Westerwald". Diese militärischen Übungen waren mir als Einschränkung der persönlichen Freiheit sehr lästig. Lieber hätte ich mich an einem guten Buch erquickt, als mit müden Knochen durch die Nacht zu stolpern.

Bald wurde ich als „politischer Leiter" eingespannt und in Anbetracht meiner gesellschaftlichen Stellung gleich als Zellenleiter von Innerfahrafeld; als solcher hatte ich vier Blockleiter unter mir. Die eigentliche Tätigkeit in der Zelle freute mich: Ich hatte mit den Blockleitern die Nöte und Mißstände der Volksgenossen, ihre Einstellung zur Partei und ihren Tadel wahrzunehmen und darüber im Zellenleiterappell dem „Ortsstabe" zu berichten. Aber lieber lief ich für den Blockleiter in den hintersten Högerbach als mich bei den endlosen Vorbesprechungen zu langweilen, in denen die kleinsten Einzelheiten einer Feier, z.B. die Reihenfolge der Formationen im Aufmarsch festgelegt wurden. Da wurde ich mir erst meines formlosen Wesens, meiner Abneigung gegen allen Prunk, bewußt. Bei dem ersten großen Fackelzug und den ersten Großveranstaltungen in unseren beiden Sälen ließ ich mich wohl von der freudigen Stimmung und dem Gepränge mittragen. Ich bezweifelte aber, dass wir auf einer solchen Höhe bleiben könnten und wünschte meine Spannkraft sachlicher Arbeit zu widmen. Dabei mußte ich zugeben, daß die Festwalter, alte Parteigenossen der Kampfzeit, ohnedies allem kindlichen Schmücken, allem Tand abhold waren und nur nach peinlicher Sauberkeit strebten. Schon der gewaltsame Eingriff in meine Lebensordnung – ich bin ein Früh-

101. Kirchenfeindschaft

102. Geistiges Hineinwachsen in die Partei

103. Das Rassenproblem – Vortragstätigkeit

In Österreich war zu Beginn des 20. Jahrhunderts eine Rassenlehre verbreitet, die Houston Stewart Chamberlain (geb. 1855 in Portsmouth, gest. 1927 in Bayreuth als Schwiegersohn Richard Wagners) mit seinem in Wien erschienen Buch „Die Grundlagen des 20. Jahrhunderts" vertrat: Erbanlagen wären letztlich unüberbrückbar, Jude bleibe immer Jude, ob assimiliert oder nicht. Rennpferde, Dachshunde und Chrysanthemen seien Beispiele für erfolgreiche Zuchtwahl. ... Kräftigung der Rasse durch Aussetzen schwächlicher Kinder ... Auch der Alldeutsche G. Ritter v. Schönerer sagte, dass die Phrase von der Gleichheit aller Menschen die Hirne umnebelt hat. Damit war der Weg zu Hitlers Herrenrasse und Sklavenrassen, zum Untermenschen usw. frei.

104. Vererbung und Umweltfaktoren

105. Grenzen der Erziehung

aufsteher, der mit den Hühnern schlafen geht – der lange Aufenthalt unter starken Rauchern waren mir äußerst unbehaglich.

Es wurden Uniformen für die politischen Leiter angeschafft. Als guter Verdiener hätte ich sie auf eigene Kosten anschaffen müssen. Nun hatte ich zeitlebens einen großen Widerwillen gegen alles Militärische und Uniformierende. Meine Teilnahmslosigkeit geht heute noch so weit, dass ich die einzelnen Chargen noch immer nicht unterscheiden kann. Der einzige Verein, dem ich in der Systemzeit fast beigetreten wäre, unser Gesangsverein, schreckte mich durch das Tragen einer blauen Kappe mehr ab als durch die zu erwartenden Gesangsproben. Obwohl ich mich nun finanziell besser stand, erschien mir eine Uniform als ebenso unnütze Ausgabe, wie mir die Zeit zum Anmessenfahren nach Wien leid gewesen wäre.

Ernster war die Zumutung, aus der Kirche auszutreten! Das lehnte ich rundweg ab, und man ließ mich damit weiterhin in Ruhe; aber ich galt forthin als schwarzer Bruder.

Ich mag manchmal den Unwillen der Parteigenossen durch meine Widerhaarigkeit erregt haben. Aber sie vertrauten mit Recht darauf, dass ich durch Propaganda und Mittätigkeit allmählich in die Partei hineinwachsen würde. Alle Menschen sind so, und in diesem Punkte bewies die Partei Menschenkenntnis: Je mehr man für eine Sache arbeiten muß, desto höher schätzt man sie. Noch als Zellenleiter ließ ich mich lieber nötigen, in Schulungen zu sprechen. Ich durfte mein Thema wählen und erntete Anerkennung. Ich bewegte mich zunächst in einem kleinen Kreise: Ahnenforschung, Rassenlehre.

Ein Vortrag, der unseren Dr. Ernst mächtig packte: Erziehung und Vererbung. Das Verhältnis zwischen Anpassung – ein lebendiges, fortwährendes Geschehen, das sich unserem Blick aufdrängt, ein schwankender Ausgleich unserer Kräfte gegen eine feindliche Umwelt – und Vererbung, die alles durchdringt und in Schranken hält – dieses Verhältnis besteht ja für jeden denkenden Menschen, der Streit beginnt erst über die Ausdehnung ihres Machtbereiches in der Entwicklungslehre. War ich vordem schon so weit gegangen, in der tätigen Anpassung des Einzelwesens eine die Vererbung lenkende Anpassung des Fortschrittes zu denken. Nun lernte ich die Rasse als eine beharrende Naturgegebenheit kennen, die wir nur durch sorgfältig gelenkte auslesende Kreuzung ändern können. So ist die Entwicklung der Lebe-

106. Das Dorfsippenbuch

107. Die Familienchronik

Nochmals zu 103:

wesenwelt in der Geschichte unseres Planeten nur erklärbar durch rätselhafte Veränderungssprünge (Mutationen) oder durch die allmähliche Veränderung der Erbmasse infolge einer durch lange Zeiträume in gleicher Richtung erzwungenen Anpassung.

Ich stellte in dem Vortrag die Vererbung als einen festen Rahmen dar, den jede neue Jungvätergeneration in ihren Kindern durchbrechen möchte, dass die Einsicht des Alters sich bescheiden lernt; dass sie diesen Rahmen durch Erziehung nur ausfüllen, aber nicht überschreiten kann.

Der Ahnenforschung kam ich schon von zwei Seiten her entgegen, das Dorfsippenbuch ist ein mächtiger Teil der Heimatkunde, der ich ein Leben lang diente.

Die eigene Familienchronik erschien mir sehr lange als eine dringende Schuld gegen meine Kinder. Da mein Großvater mütterlicherseits, Heinrich Maria Deinhardt, ein angesehener pädagogischer Schriftsteller war, besitze ich eingehende Zeugnisse über sein Leben und Wirken. Je mehr ich mich meiner Anlage gemäß weiterbildete und mich in seinen Nachlaß versenkte, wurde mir immer deutlicher, wie unendlich viel ich in den großen Anlagen und in den kleinsten Zügen von ihm geerbt habe. Er war als Vollstrecker Pestalozzis seiner Zeit weit voraus. Sein Werk ist daher ein heiliges Vermächtnis, das ich aber infolge meiner ungünstigen Lebensumstände auch nicht erfüllen konnte. So muss ich die Aufgabe wieder weitergeben – die Anlagen werden ja durch die Vererbung wieder erscheinen. Wertvolle Erbmassen rein weiterzugeben, im Kind und Enkel durch das Blut weiterzuleben, das sind keine „heidnischen Anschauungen", die auch den persönlichen Unsterblichkeitsglauben nicht berühren.

Rassenlehre? Bei der heillosen Rassenmischung Mitteleuropas ist jeder Rassenhochmut innerhalb des deutschen Volkes lächerlich. Doch müssen wir dem Rassenforscher dankbar sein, wenn wir mit seinen geschärften Augen die Züge der um uns herum stehenden rassereinen Völker auch im Mischvolke sehen lernen, den dinarischen Älpler, der seine Unabhängigkeit ebenso tapfer verteidigte wie der nordische Bauer an der Wasserkante, den behaglichen, vierschrötigen Westfalen und den behäbigen, aber fleißigen Menschen im Alpenvorlande. Ich halte es auch durchaus mit der kirchlichen Lehre vereinbar, die mit diesen Rassen fest verbundenen seelischen Eigenschaften anzuerkennen, ihre Gleichheit der Menschen vor Gott liegt in einer anderen Linie. Eine

Kreativ-Haus Hohenberg, frühere Naturalherberge, heute Zentrum des „Kreativ Dorfes" Hohenberg

108. Mütterehrung

109. Die Naturalherberge und die Arbeitslosen

Rassenmischung wäre also zu vermeiden gegenüber anderen Menschengattungen, den Negern etwa – und den Juden, wenn wir sie auch als Menschen noch so achten. Wenn wir einem Deutschen abraten, eine Französin zu heiraten, so hat das mit dem Blut gar nichts zu tun, da beiderseits sogar die gleichen Rassenelemente vorhanden sein können. Aber die großen europäischen Sprachen entwickelten sich im Laufe der Jahrhunderte so auseinander, sie festigten sich in gewissen „Charakteren", dass sie wie andere Umweltfaktoren mächtig auf den Menschen einwirken; mindestens ist das Leben in einer großen Sprachgemeinschaft ein großes Stück Heimat, die man nicht so ohne weiteres verpflanzen kann. Es möchte ein unglücklicher Mensch die Folge sein, wie es z.B. auch wäre, wenn die Tochter eines streng katholischen Bauernhauses in ein ebenso gläubiges protestantisches Bauernhaus einheiratete. Ich behandelte dieses Beispiel ausführlich, um zu zeigen, wie ich in den Ideen des Hr. H. in mein altes Denken einordnete. Und es gab genug lebenskräftige und verheißungsvolle Ideen in der Bewegung – möge ihr Wert verloren sein durch eine führende Idee der gewaltsamen Gewissenszwanges, durch ein Führerprinzip, das in Verkennung des schlummernden Bösen im Menschenherzen hemmungsloser Grausamkeit das Tor öffnete und oft im Wahnsinn endete, möge dadurch das Ideengut der Partei zur Lüge werden, die keine dauernde Gemeinschaft aufbauen kann, möge es vielleicht nur durch das Geschehen des Krieges verzerrt worden sein – ich will mich darin nicht entscheiden in einer hasserfüllten Zeit, die an Hitlers Bewegung kein gutes Haar lassen will. Ich sah sie eben nicht von der Bedrückung des Konzentrationslagers aus, sondern durfte in ihr wirken.

Wie hätte eine Verkörperung des Bösen tapfere Geister so anziehen können? Die evangelische Geistlichkeit Österreichs stand der Bewegung fast zur Gänze freundlich gegenüber, wenn sich auch schließlich diese Freundschaft durch unverzeihliche Fehler der Führer der Bewegung ins gerade Gegenteil verkehrte.

Wir waren von dem, was uns in der ersten Großveranstaltungen verkündet wurde, restlos begeistert. Meine Frau weinte vor Freude, als ein Redner die Mütter ehrte, in der „liberalen Welt" war ich mit meiner großen Kinderschar fast unverhüllter Missachtung begegnet. Wir sahen aber auch Taten. Für meine Söhne war die Zeit der Arbeitslosigkeit zu Ende. Ich wohnte in einem Gemeindehause über der „Naturalherberge", die war vor 1938 so überfüllt, daß die Landstraßenbrüder beider Geschlechter mit ihren übelriechenden Kleidern eng gedrängt auf den Pritschen lagen. Alle menschlichen Vorkommnisse

110. Politik führt die Wirtschaft

Im Sprachgebrauch der damaligen Zeit waren viele Wörter eindeutig ideologisch besetzt: so ist Geldmensch negativ, Bauer positiv. Wohl Bestanteile der überhöhten Blut- und Boden-Romantik.

111. Wohnungselend

112. Als Ortsgruppenleiter

H. Kinzelmann ist auch als Ortsgruppenleiter nicht aus der Kirche ausgetreten, obwohl in den Jahren 1942 und 1943 der Kirchenaustritt wieder stark propagiert wurde. Das Austrittsbuch der Evang. Pfarrgemeinde St. Aegyd verzeichnet von 1938 bis 1942 76 Austritte, bei denen als neue Konfession in 48 Fällen „deutschgläubig" oder „gottgläubig" angegeben ist. Ab 1943 gab es bis 1945 noch 23 Austritte, bei denen aber die Spalte nach Bekenntnis nach dem Austritt nicht ausgefüllt ist. Unter den ausgetretenen Personen sind außer Inhabern von hauptamtlichen Stellen in NSDAP oder Verwaltung zahlreiche in die Gemeinde zugezogene Personen.

spielten sich hier ab, bis zum Gebären. Ein junges Ehepaar kehrte wie andere in regelmäßigen Zeitabständen wieder ein, der Kinderwagen war ihr ganzes Hab und Gut. Nun verödete die Herberge in kurzer Zeit und wurde später als Kriegsgefangenenlager benutzt.

Hatte bisher die Wirtschaft im Staate geführt, d.h. die Geldmänner hatten sich der Industrie bemächtigt, so belehrte uns jetzt der augenscheinliche Erfolg, daß die Wirtschaft sich der Politik unterzuordnen habe, daß ein „starkes", wehrhaftes Vaterland auch selbstverständlich eine gesunde Wirtschaft habe. In der Folge beschäftigte ich mich – für Vorträge – viel mit den Schäden des Liberalismus gegenüber einer gelenkten Wirtschaft. Als Zellenleiter besuchte ich viele Volksgenossen meiner Zelle und unterhielt mich gerne mit einfachen Leuten, hauptsächlich Bauern und Kleinhäuslern. Ich hätte solche elenden Wohnungsverhältnisse nicht für möglich gehalten. Eine große feuchte Stube für die ganze Familie mit dem lungenkranken Vater, kein Rauchfang, keine Senkgrube, das Wasser in einer Quelle weit weg, zum Glück ein großer Dachboden zum Schlafen für die Kinder. – Die Familie H* haust mit 11 Kindern in einem allerdings sehr großen Zimmer. Auf die Schule halten H*s nicht viel, doch – ist es nicht eine große Leistung, wenn das Zimmer und die Kleidung der Kinder sauber sind? Es sind die geborenen Landarbeiter. Wäre der Krieg nicht gekommen, wir hätten diese menschenunwürdigen Hütten entfernt.

Als ich 1942 Ortsgruppenleiter wurde, war ich in die Notwendigkeiten der Partei schon so weit hineingewachsen, dass das Tragen der Uniform keine Frage mehr war. Ich gab auch die damit unvereinbaren kirchlichen Ämter auf.

Der „Hoheitsträger" konnte infolge des „Führerprinzipes" viel Gutes für die Gemeinde stiften, aber auch Schaden an Leib und Gut und den Seelen anrichten. Freilich war ihm viel Zeit durch die übertragenen Aufgaben genommen, die er von jedem Monatsappell beim Kreisleiter in einer schweren Aktentasche heimtrug und die zum Großteil in Statistik und Propaganda für die Tageserfordernisse bestanden, – der Papierkrieg feierte Triumphe.

Meiner Veranlagung nach war ich fehl am Platze. Als mein Vorgänger, Baumeister Lukas, mich vorschlug, wehrte ich ab und hielt dem Kreisleiter Uhl vor, dass mir das militärische Auftreten völlig fehlt, dass ich – außerhalb meines Berufes – auch dort duldsam und entgegenkommend sei, wo Rücksichtslosigkeit am Platz wäre, dass ich mir deshalb auch kaum den nötigen Respekt

114. Die Arbeiterschaft von Furthof

Heinrich Kinzelmann an seinem Arbeitstisch in der Küche ca. 1970 Archiv Weinstabl

Mit diesen Zeilen bricht H. Kinzelmanns Text ab. Da er belasteter Nationalsozialist war, wurde er nach 1945 nicht wieder eingestellt, sondern pensioniert, ihm aber der Titel „Hauptschuldirektor i.R." verliehen.

werde verschaffen können. Ich bin nicht gewöhnt und ungeschickt, die Arbeit auf andere abzuwälzen. Als eine Art Gelehrtennatur fehlt mir die Menschenkenntnis, die Übung im Bewerten der Mitmenschen. Mein Personengedächtnis ist so miserabel, dass ich nur einen kleinen Teil der Menschen im Orte sicher kenne und ein Vierteljahr brauche, bis ich eine neue Klasse kenne. Ich habe mich an kurzen, sachlichen Ausdruck gewöhnt und pflege von meinen persönlichen Dingen nicht viel zu reden; daher bin ich auch bei der Schlichtung persönlicher Streitfragen anderer ungeduldig und verständnislos.

Der Kreisleiter warf dagegen in die Waagschale: Meine Militärfreiheit; mein Ansehen bei der Arbeiterschaft; meine geistige und gesellschaftliche Unabhängigkeit gegenüber den bürgerlichen „Klassen" Hohenbergs; die Besonnenheit des reiferen Menschen; ich hätte große Opfer gebracht und könnte daher auch ohne Vorwurf über Opfer reden; ich hätte mich bereits als ein guter, überzeugender Redner bewährt.

Leider sollte ich mit meinen Befürchtungen Recht behalten. Ende 1943 mußte ich monatlich immer wieder melden, dass meine Aufgabe, die Gefolgschaft des Werkes Furthof für die Partei zu gewinnen und damit alle wichtigen Ämter mit Arbeitern zu besetzen, nicht nur erfolglos sondern überhaupt unlösbar sei.

Die Ruhe und Besonnenheit unserer Arbeiterschaft, die uns 1934 vor dem Heimwehrterror bewahrt hatte – Hohenberg war damals sozusagen eine stille Insel im Branden der politischen Leidenschaften – zeigte sich jetzt als eine stille, aber umso festere abwehrende Haltung gegenüber den Werbungen der Partei. Da war ein Kern von unnahbaren „Patriziern", eine alten Garde charakterlich einwandfreier älterer Männer, die vor 1934 die Gemeinde in vorbildlicher Weise geführt hatten. Die Sozialdemokraten hatten damals eine so erdrückende Mehrheit in der Gemeindestube, dass sie die bürgerlichen Vertreter vor die Tür hätten setzen können. Sie legten aber großen Wert auf einstimmige Beschlüsse, z.B. beim Bau der Bürgerschule. Diese Männer waren das moralische Rückgrat der Werksarbeiterschaft und fesselten sie in Treue an sich. Mit Recht vermutete ich nur wenige Kommunisten.

Ein nachdenklicher
und zum Nachdenken anregender Zeitzeuge
Bemerkungen zu Heinrich Kinzelmanns Erinnerungen

Karl Schwarz

Der Herausgeber von Heinrich Kinzelmanns Erinnerungsschrift, Walter Pusch, würdigt den Verfasser nicht nur als eine begnadete evangelische Lehrerpersönlichkeit, die dieser zweifellos gewesen ist, sondern er nennt ihn auch einen „nachdenklichen Zeitzeugen zwischen Monarchie und Zweiter Republik". Dazu und zum Quellenwert der hier erstmals publizierten Schrift über Kinzelmanns politische Entwicklung soll im Folgenden Stellung genommen werden.

Heinrich Kinzelmann (1886–1972), langjähriger Lehrer, Schuldirektor und Volksbildner, war zugleich in führenden Funktionen innerhalb der evangelischen Pfarrgemeinde A.B. St. Aegyd a.N. tätig: als Gemeindevertreter, Presbyter, Rechnungsführer, Chorleiter, Kurator, aber auch als Religionslehrer weit über seine Pensionierung als literarischer Lehrer hinaus, zuletzt wurde ihm die Würde eines Ehrenkurators zuteil.

Er hat das Kriegsende als eine ganz wesentliche Zäsur seiner Lebensgeschichte erfahren müssen, er wurde als Funktionär der NSDAP inhaftiert und im Anhaltelager Lilienfeld interniert, wo er während der Monate Februar/ März 1946 diese apostrophierte Erinnerungsschrift „Aus meinem Leben: Meine politische Entwicklung" verfasste. Sie ist ein Torso geblieben, denn sie bricht mitten in einem Gedanken ab; es fehlt ihr nicht nur der Schluss, sondern der Leser hat das Gefühl, dass der Erzählfluss durch ein äußeres Ereignis zum Stillstand gebracht wurde. Es ist müßig, sich darüber Gedanken zu machen, was die Ursache für dieses abrupte Ende gewesen sein mag. Heinrich Kinzelmann hat darüber keine Auskunft gegeben. Vielleicht hätte er seiner Schrift noch Ergänzungen angefügt, hätte er gewusst, dass eine spätere Generation zur Publikation dieser Erinnerungen schreiten würde. Er hat vermutlich nie im Leben daran gedacht, seine individuelle politische Entwicklung vor dem Forum der Öffentlichkeit zu analysieren. Und doch halte ich diese

Schrift für äußerst instruktiv und lesenswert, und ich begrüße ihre Veröffentlichung.

Es handelt sich bei Heinrich Kinzelmann um eine Persönlichkeit, die geradezu prädestiniert für milieugeschichtliche Studien zu sein scheint. Er entstammte einer sudetendeutschen Familie, die in Klostergrab im Erzgebirge durch viele Generationen Handwerker hervorgebracht hatte. Wegen wirtschaftlicher Misserfolge entschlossen sich die Eltern, nach Wien zu übersiedeln, aber als Handwerksmeister konnte sich der Vater gegen eine übermächtige Konkurrenz nicht behaupten, er wechselte in die Fabrik. Gesellschaftlich bedeutete dieser Schritt (und der Sohn empfand dies auch so) eine Proletarisierung der Familie. Die frühkindliche Sozialisation Kinzelmanns war eine sozialdemokratische, er erlebte die Anfänge der Sozialdemokratie im Wien des Bürgermeisters Lueger. Als er zwölf Jahre alt war, kehrten die Eltern in die deutsch-böhmische Heimat des Vaters zurück, dort wurde Kinzelmann in spezifischer Weise ein Zeuge der Los-von-Rom-Bewegung: Er wurde 1901 als erster Konfirmand in der wiedergegründeten Gemeinde Klostergrab eingesegnet. Das war für jenen seit der Gegenreformation katholisch geprägten Ort ein besonderes Signal, gesetzt von einem reichsdeutschen Vikar, der über Vermittlung des Evangelischen Bundes nach Österreich gekommen war, um beim Gemeindeaufbau im Gefolge der Los-von-Rom-Bewegung mitzuwirken: Joachim Ungnad, der für die Biographie Kinzelmanns eine ganz erhebliche Rolle spielte. Exakt diesem wurde die österreichische Staatsbürgerschaft versagt, und so musste er nach geraumer Zeit wieder ins Deutsche Reich zurückkehren. Klostergrab wurde zu einem Symbol der Los-von-Rom-Bewegung, denn hier wollte man bewusst an das evangelisch-lutherische Gemeindeleben vor der Gegenreformation anknüpfen: *„Klostergrab, dein Kirchlein war es,/Das des Unheils Anstoß gab./Möchtest du die Wiege werden/Für ein letztes Klostergrab!"*.

In der kurzen Zeit seines Aufenthaltes griff Joachim Ungnad maßgeblich in den Lebenslauf von Kinzelmann ein. Er war es nämlich, der dessen pädagogische Fähigkeiten erkannte und der die Gemeinde Klostergrab veranlasste, für den Besuch der Lehrerbildungsanstalt in Bielitz eine Unterstützung zu gewähren. Ein Leben lang blieb er mit seinem „Pflegekind" in enger Verbindung, und es ist erwiesen, dass er Kinzelmann aus nächster Nähe seine Erlebnisse im deutschen Kirchenkampf schilderte.

Kinzelmanns Ausbildungszeit in Bielitz und seine ersten Stationen als Lehrer in Gablonz und Eger sind geprägt durch den Nationalitätenkonflikt der Donaumonarchie, insbesondere durch den Gegensatz zwischen den Tschechen und den Deutschböhmen, der sich nicht nur auf der Ebene der Weltanschauung niederschlug, sondern noch viel grundsätzlicher alle Lebensbereiche erfasste. Wer jemals am dortigen Rathaus den so genannten „Schwur von Eger" von Felix Dahn (*Das höchste Gut des Mannes ist sein Volk,/Das höchste Gut des Volkes ist sein Recht,/Des Volkes Seele lebt in seiner Sprache:/Dem Volk, dem Recht und unserer Sprache treu/Fand uns der Tag, wird jeder Tag uns finden.*) gelesen hat, der wusste Bescheid, welche Dimensionen die Auseinandersetzungen angenommen hatten, wie der Konflikt literarisch überhöht wurde. Der Lehrer Kinzelmann ging daran nicht vorüber, vielmehr öffnete er sich der deutschnationalen Phrase, die in seiner Familie gepflegt wurde, auch wenn er durch Mitschüler und Jugendfreunde über Zugänge zur tschechischen Tradition und Geschichte verfügte.

1909 wechselte er in die „Einsamkeit des ‚Waldschulmeisters'", wie er selbst schrieb, nämlich an die einklassige evangelische Volksschule nach Ulreichsberg. Hier machte er die „Meisterlehre" seines Lebens, er erlebte hautnah den Strukturwandel einer Holzknechtsiedlung mit, hier fand er vor allem seine Lebensgefährtin, die ihm den Bezirk Lilienfeld als Heimat ans Herz legte. Nichts veranschaulicht dies besser als seine engagierte Mitarbeit an der Lilienfelder Bezirksheimatkunde.

Schon in dem von den Alldeutschen beherrschten Egerland hatte Kinzelmann das „nationale Alphabet" gelernt, war seine sozialdemokratische Gesinnung entschieden national eingefärbt worden. In dem Milieu der sozialdemokratischen Holzknechtsiedlungen mit ihrer noch stark an den Geheimprotestantismus erinnernden Tradition machte er eine wichtige Entwicklung durch, die ihn zu einem ganz wichtigen Mitarbeiter der Evangelischen Kirche machte. Das Manuskript gibt darüber sehr gut Rechenschaft, wie er selbst diese Entwicklung empfand, wie er sich am äußersten linken Rand der Kirche als „religiöser Sozialist" positionierte, der im politischen Leben aber nach wie vor in der Sozialdemokratie beheimatet war.

Eine für seinen politischen Werdegang entscheidende Phase waren die Jahre des christlichen Ständestaates mit ihrer umfassenden katholischen Konfessionalisierung. Auch darüber berichtet der autobiographische Text, wie im

Einzelnen das Lebensrecht der konfessionellen Minderheit eingeengt wurde, wie den Nichtkatholiken viele berufliche Entfaltungsmöglichkeiten gerade im Lehrberuf versagt blieben. Eine erhebliche Verbitterung kann unschwer registriert werden, die den Lehrer Kinzelmann, der schon längst Funktionen in der evangelischen Gemeinde wahrnahm und als deren Vertreter auch in den Ortsschulrat delegiert wurde, in den Gegensatz zum klerikalen Regime des Austrofaschismus brachte.

Es ist von evangelischer Seite, dem langjährigen Professor für Praktische Theologie an der Wiener Evangelisch-Theologischen Fakultät Gustav Entz, einmal mit Nachdruck festgestellt worden, dass es die Kulturpolitik des Ständestaates gewesen sei, welche die Nichtkatholiken den Nationalsozialisten in die Arme getrieben hätte. Der Bericht von Kinzelmann gibt dafür einige Anhaltspunkte, er verdeutlicht darüber hinaus, dass die arbeits- und stellenlosen Söhne des Verfassers die Verbindung zur NSDAP hergestellt hatten. Mit dem Umbruch im März 1938 vollzieht sich spätestens bei Kinzelmann die Konversion zum Nationalsozialismus, wahrscheinlich muss sie schon vorher datiert werden. Daran konnten offenbar auch die Berichte nichts ändern, die ihm sein „Pflegevater", Superintendent Ungnad, der schon 1933 aus seinem ephoralen Amt entfernt worden war, über seine Erfahrungen im Kirchenkampf zuleitete.

Minutiös dokumentiert Kinzelmann seine eigene politische Entwicklung, er listet seine Vorträge auf, die er im Laufe der Zeit gehalten hat, er gibt sich Rechenschaft über die gelesene Literatur, er notiert das politische Geschehen im Großen wie auch im Mikrokosmos seiner Lilienfelder Wahlheimat, er verschweigt dabei auch nicht seine Vorbehalte gegen die Uniformierung, gegen die militärischen Elemente innerhalb der Partei. In diesem allen macht er seine Konversion zum Nationalsozialismus sehr transparent, er illustriert seine Parteikarriere, die ihn 1942 bis zur Funktion eines Ortsgruppenleiters führte. Es wird ihm dabei äußerste Loyalität abverlangt, die er offenbar ohne jedwede Bedenken zu leisten bereit war. Rassenlehre, Vererbungstheorie, Volkskunde sind die Schienen, auf denen er sich bewegte, die dem intellektuellen Parteisoldaten Zuspruch und persönliche Genugtuung verschafften.

Aber an einem Punkt widersetzte er sich den Zumutungen der NSDAP ganz entschieden: Er lehnte es ab, den ihm nahe gelegten Kirchenaustritt zu vollziehen, wenn er auch dazu einwilligen musste, seine kirchlichen Funktionen zurückzulegen. Kinzelmann trat, wiewohl zum glühenden Nationalsozialisten mutiert, aus der Evangelischen Kirche in Österreich nicht aus. Hier unterschied er sich von zahlreichen anderen Lehrern, die bei der ersten sich bietenden Gelegenheit der Kirche ihren Rücken kehrten. Oft genug mag es vorgekommen sein, dass sich diese als „sinnstiftende" Instanzen in krasser Konkurrenz zum Pfarrer gebrauchen ließen, um den Alltag der Kirchengemeinden zu stören und dem Anspruch der Kirche auf die Jugend entgegenzutreten. Mochte Kinzelmann seine politische Heimat im Nationalsozialismus gefunden haben, so lehnte er dessen Spiritualisierung zu einer politischen Religion im Sinne eines neuheidnischen Messianismus entschieden ab. Er bewahrte die nüchterne Frömmigkeit lutherischer Prägung bis zuletzt, er blieb seiner kirchlichen Prägung treu und hat dies auch in seiner Darstellung artikuliert.

Man hätte es gewünscht, dass sich Kinzelmann nach 1945 deutlicher von der geschilderten Parteikarriere und dem von ihm transportierten Gedankengut distanziert; man hätte es gewünscht, dass in dieser Schilderung, die so präzise über seine politische Entwicklung Auskunft gibt, auch ein Indiz für seine Abwendung vom Nationalsozialismus zu finden wäre. Dem ist nicht der Fall. Denn es überwiegt der Eindruck, dass die „genug lebenskräftige[n] und verheißungsvolle[n] Ideen in der [NS-]Bewegung" nur durch einzelne Elemente verzerrt worden wären, durch das Führerprinzip, durch anthropologische Gesetzmäßigkeiten (das im Menschenherzen schlummernde Böse), vor allem durch den Krieg. Diese Einschätzung stimmt in auffallender Weise mit einer von der amerikanischen Besatzung zwischen September 1946 und Februar 1948 durchgeführten Langzeitstudie überein, welche auf die Frage, ob der Nationalsozialismus eine schlechte Idee gewesen sei oder eine nur schlecht durchgeführte Idee, das verblüffende Ergebnis erbrachte, dass zwischen 27 und 51 Prozent der Befragten die Meinung vertraten, dass der Nationalsozialismus eine gute Idee gewesen sei, die lediglich schlecht durchgeführt worden wäre.

Es überwiegt somit der Eindruck, dass Kinzelmann einen solchen entscheidenden Schritt der Distanznahme zu dem von ihm vertretenen Ideengut nicht setzen wollte. Er drückt es an einer Stelle so aus, dass er „in einer hasserfüllten Zeit, die an Hitlers Bewegung kein gutes Haar lassen will", eine solche Entscheidung nicht treffen könne. Kinzelmann begründete diesen unterlassenen Schritt zu einem Schuldbekenntnis, indem er auf seine Perspektive verwies:

Er hätte den Nationalsozialismus nicht „von der Bedrückung des Konzentrationslagers aus" gesehen, sondern er „durfte in ihr [sc. NS-Bewegung] wirken". Ein Versuch zum Perspektivenwechsel hätte Kinzelmann die Kenntnis vermittelt, dass allein auf niederösterreichischem Boden 42.598 KZ-Lagerhäftlinge umgebracht wurden, von den 1.721 Zivilisten abgesehen, die noch in den letzten Kriegstagen von der SS liquidiert wurden.

Kinzelmanns Formulierungen vermitteln demgegenüber den Eindruck, es handle sich bei dem Verfasser um einen unbelehrbaren Nationalsozialisten, dem nicht einmal die Katastrophe des Krieges und Kriegsendes reichte, um zu einer Änderung der Gesinnung geführt zu werden. Dabei wird man aber auf den Zeitpunkt der Abfassung dieses Berichtes 1946 achten müssen und Kinzelmann zugute halten dürfen, dass er in den darauf folgenden Zeitläuften genugsam dargetan hat, wie er sich zu einem Demokraten zu wandeln vermochte. Seine weitere Tätigkeit als Volksbildner und Pädagoge (als solcher setzte er sich vor allem für die Ganzheitsmethode ein), nun nicht mehr in der Klasse, sondern in Lehrerarbeitsgemeinschaften und als profilierter Schriftsteller, mögen als Beweis gelten.

Die Evangelische Kirche war nach 1945 redlich bemüht, einen klaren Schlussstrich zu ziehen, sie hat das Kriegsende, um es mit den Worten ihres leitenden geistlichen Amtsträgers, Bischof D. Gerhard May, zu sagen, als „Gottesgericht mit unheimlicher Folgerichtigkeit" empfunden und von ihren Amtsträgern eine dezidierte Entpolitisierung verlangt. Vor allem war damit eine Absage an nationalsozialistisches Gedankengut verbunden. Zu sehr hatte sie sich im Frühjahr 1938 als Nazikirche feiern lassen, als eine im „völkischen Freiheitskampf der Ostmark" bewährte Einrichtung, der nachgesagt wurde, dass sie nur allzu bereitwillig politische Kompromisse eingegangen war. So musste die Kirche nach 1945 großes Misstrauen seitens der neu errichteten Zweiten Republik erfahren. Die Kirche wurde genau durchleuchtet und musste sich sagen lassen, dass ehemalige Parteifunktionäre der NSDAP, wie es Kinzelmann gewesen war, aus den Gemeindepresbyterien auszuscheiden hätten. Im Falle einer bloßen Parteimitglied- oder Anwärterschaft sollten sich die Pfarrer aber unbedingt Gewähr verschaffen, dass diese nun loyal zur Republik Österreich stünden und den Nationalsozialismus politisch und weltanschaulich ablehnten, sie sollten jedenfalls nicht mit einer gemeindlichen Funktion betraut werden. Heinrich Kinzelmann war nicht der einzige, der seine Kirche jetzt mit einem Problem konfrontierte: Er war trotz intensiver antikirchlicher Propaganda in der Ära des „Dritten Reiches" seiner Kirche treu geblieben und erwartete von dieser eine ebensolche solidarische Haltung. Die Form seiner Rehabilitierung als Presbyter, Kurator und Religionslehrer lässt vermuten, dass ihm diese persönliche Genugtuung zuteil wurde, wenn er auch als politisch Belasteter aus dem Schuldienst hatte ausscheiden müssen.

Der Bericht geht darauf bedauerlicherweise nicht ein. Er ist aber eine bemerkenswerte Quelle, welche mit großer Authentizität den politischen Weg eines evangelischen Lehrers illustriert – und zugleich ein Stück weit zeigt, wie sich Funktionäre der Kirche in Schuld verstricken konnten, ohne sich dessen bewusst zu werden. Er ist ein sprechendes Dokument jener „unlösbaren Schicksals- und Schuldgemeinschaft" zwischen Kirche und Volk und verdient durchaus, einer interessierten Öffentlichkeit zur Kenntnis gebracht zu werden.

Sommerfrischengemeinde 1905–1913

Sommerfrische am Beginn des 20. Jhdts – Entstehung der Evang. Sommerfrischengemeinde St. Aegyd 1905–1913 – St. Aegyd als Predigtstelle der Pfarrgemeinde St. Pölten – Familien Jaquemar, Stökl, Stroh, Wetjen – Kindererlebnisse und Anekdoten – St. Aegyd im späteren Lebensraum der Familien Wetjen, Jaquemar, Stökl und Stroh

Sommerfrische am Beginn des 20. Jahrhunderts

Zu Beginn des 20. Jahrhunderts hatte man erkannt, dass frische Luft und Bewegung gesund sind. Daher hatte auch der Lilienfelder Wahl-Bürger Matthias Zdarsky mit seinen Wochenendschikursen in Lilienfeld, zu denen mit dem „Sportzug" aus Wien angereist werden konnte, Erfolg. Die Wohnverhältnisse in vielen Städten, besonders im nahen Wien, waren meist recht beengt und dunkel, und daher zog, wer immer nur konnte, in die Sommerfrische aufs Land. Häufig wurden außer Kleidern und Bettzeug auch Küchenutensilien in große, truhenartige Reisekörbe gepackt, und die Kinder schätzten es besonders, dass dann wegen dieser großen Gepäckstücke mit dem Fiaker zum Bahnhof gefahren werden musste. Mütter und Kinder, – wenn vorhanden auch Hauspersonal – fuhren, wenn es ging, gleich für sechs bis acht Wochen aufs Land. Die Väter wurden zu Wochenendpendlern, und die Züge, die sie hin- und her transportierten, wurden wegen der Begrüßungs- und Abschiedsszenen gerne „Busserlzüge" genannt. Sommerfrische gab es nicht nur für reiche Leute, die sich vielleicht im Sommerfrischenort sogar ein Haus kauften, sondern auch für den Mittelstand, z.B. kleine und mittlere Beamte, wie es die Großeltern (Geburtsjahrgänge 1867 bis 1870) des Verfassers waren. Das Finden eines leistbaren und geeigneten Sommerfrischenquartieres war eine wichtige Aufgabe für Familien.

Die „Aegyder Platte" ca. 1946 : Rudolf und Frieda Stroh, Hans und Emmy Jaquemar, Helene Stökl, Käthe und Johann Wetjen, Erich Stökl
Archiv Kretz

Auch St. Aegyd bot sich als Sommerfrische an, besonders für Wanderer und Naturliebhaber, denn die Bahnfahrt von Wien war, trotz der recht langsamen Züge nicht allzu weit und nicht allzu teuer. (August 1914: Wien – St. Aegyd ca. vier Stunden, Fahrkarte 3. Klasse Personenzug Vollpreis 3 Kronen 50 Heller).

Die „Sommerfrischengemeinde", von der hier berichtet wird, war eine sehr „evangelische": Die Pfarrerfamilien Stökl und Jaquemar, die Industriekaufmannsfamilien (nach heutigem Sprachgebrauch) Stroh und Wetjen. Diese Familien mit damals ungefähr einem Dutzend Kinder haben ihre Bekanntschaft miteinander in dieser Zeit so intensiviert, dass daraus eine Familienfreundschaft wurde, die jahrzehntelang als „Aegyder Platte" bestand und Generationen lang andauerte, bis die Familien zu groß und weitläufig wurden (zu einem Wetjen-Familientreffen im Jahr 2002 in Techendorf fanden 78 Personen zusammen!). Aus allen vier Familien sind bis in die Gegenwart der Evangelischen Kirche in Österreich viele ehrenamtliche und hauptamtliche Mitarbeiter zugewachsen: von GemeindevertreterInnen bis zum Synodenpräsident, von Oberschwestern evangelischer Krankenhäuser, Anstaltsleitern zum Leiter der Inneren Mission, Schulleiter, Gemeindeschwester, Pfarrer, Oberkirchenrat. Diese Aufzählung ist aber nur beschreibend, keinesfalls vollständig.

Diese Sommerfrischengemeinde war eine Mittelstandsgemeinde ohne drückende Sorgen um ihr finanzielles Auskommen, aber auch ohne Reichtümer. Als „reich" in der St. Aegyder Predigtstation konnte wohl nur die Familie Wittgenstein angesehen werden. Der Abstand ist deutlich, wenn Pfarrer H. Jaquemar in seinen Erinnerungen Karl Wittgenstein als „Geldmann" erwähnt (nur Karl Wittgenstein hatte die Mittel, mit denen der Bau der Aegyder Waldkirche 1902/1903 überwiegend finanziert wurde).

Entstehung der Evangelischen Sommerfrischengemeinde St. Aegyd

St. Aegyd war damals keine selbständige Pfarrgemeinde, sondern Predigtstation der erst 1900 selbständig gewordenen Evang. Pfarrgemeinde A.u.H.B. St. Pölten. In der St. Pöltner Gemeinde waren als Nachfolger des 1901 verstorbenen Pfarrers Peter Petersen und während des Aegyder Kirchbaues Pfarrer Erich Stökl, ab 1905 Pfarrer Hans Jaquemar tätig. Die Pfarrerwohnung in St. Pölten war an die dortige Kirche angebaut und lag praktisch ohne Garten etwas eingezwängt zwischen zwei Hauptverkehrsstraßen. Es war daher wohl für die Familie Jaquemar kein allzu schwerer Entschluss, die kleinen Räume, die an die St. Aegy-

der Kirche angebaut waren, als Sommerfrischenwohnung zu verwenden. H. Jaquemar kannte seit seiner Studentenzeit Erich Stökl gut, und Stökl, der dafür eingetreten war, dass Jaquemar als Pfarrer nach St. Pölten käme, zog als neugewählter Pfarrer von Wien-Gumpendorf zur Sommerfrische nach St. Aegyd.

Emmy und Hans Jaquemar, Frieda und Rudolf Stroh, auf der Terrasse vor der Waldkirche, ca. 1910   Archiv Kretz

Rudolf Stroh war in einer Vertrauensstelle bei der Firma Avenarius in Wien tätig, Hans Wetjen betrieb in Wien ein Wollwarengeschäft. Sowohl Stroh als auch Wetjen waren aus Deutschland zugezogen und vermutlich von Anfang an in das Wiener evangelische Gemeindeleben integriert.

St. Aegyd als Predigtstelle der Pfarrgemeinde St. Pölten 1905–1913

St. Pölten war – wie erwähnt – 1900 zur selbständigen Pfarrgemeinde erhoben worden und umfasste im westlichen Niederösterreich ein riesiges Gebiet, mit Eichgraben im Wienerwald, Melk, Scheibbs, Waidhofen/Ybbs, Amstetten, und dem Traisental. Die Toleranzgemeinde Mitterbach war Nachbar, ebenfalls Krems, das aber erst 1905 von St. Pölten abgetrennt worden ist. Pfarrer Jaquemar nannte sein Pfarramt ein *Fahramt*, denn er war fast Tag für Tag, ungefähr 220 bis 250 mal im Jahr, mit der Bahn in seinem Gemeindegebiet unterwegs, ausgestattet mit einer 2. Klasse- (damals gab es drei Wagenklassen) Bahn-Jahreskarte (Kosten ca. 360 K/Jahr). Viele Schaffner, Zugführer und Fahrdienstleiter kannten ihn und warteten mit der Abfahrt etwas zu, wenn sie ihn zum Zug kommen sahen. Ein Stückchen Terminkalender (für den Zeitraum von 26. März bis 30. April 1911) ist erhalten, obwohl dieses Blatt später als Schnittmusterbogen diente. H. Jaquemar hat es wohl verstanden, diese Bahnfahrten zum Ausarbeiten seiner Predigten und des Religionsunterrichtes sowie zum Lesen zu nutzen, denn wann hätte er es sonst tun können?

Von den damals erfassten ca 2.000 Evangelischen wohnten ca. 500 in oder im Bereich St. Pölten. Darunter waren zahlreiche Industrielle, die zumindest Betriebe oder Wohnsitze im Gemeindegebiet hatten: Karl und Paul Wittgenstein (St. Aegyd und Hohenberg), Viktor v. Neuman (Lilienfeld), A. Grundmann (St. Pölten), Brüder Lenz (Traisen), Familie Schmid-Schmidsfelden (Wilhelmsburg), Ch. Godderidge (Viehhofen), A. Krupp (Traisen), Familie Wüster (Erlauftal), E. Busatis (Erlauftal), Dr. Heiser (Gaming), Karl Loysch (Melk). Der Edle v. Lindheim (Lilienfeld) und die Gräfinnen Baudissin-Zinzendorf (Pottenbrunn) waren wohlhabende Adelige. Die Aufzählung der „Wohlhabenden" ist sicher unvollständig, im Jahresbericht über Kirchenbeitragszahler von St. Pölten 1901 scheinen noch weitere Namen auf, bei denen es sich wahrscheinlich auch um Industriellenfamilien handelt.

Im Presbyterium waren weitere angesehene Bürger vertreten: Prof. Dr. Handtke, Kaufmann Pook, Gastwirt Mayerzedt, Färbermeister Schmied, die Direktoren Widmann (Fa. Voith) und Thilo (Glanzstoff). Gewerke Moritz Schmid-Schmidsfelden, der sich von der Leitung der Firma aus Altersgründen zurückgezogen hatte, betreute vor allem Baufragen, wie den Neubau der St. Aegyder Kirche oder die Sanierung des Pfarrhauses vom Hausschwamm. St. Pölten war keine der typischen Los-von-Rom-Gemeinden.

Die St. Pöltner Gemeinde muss recht wohlhabende und spendenfreudige Gemeindeglieder gehabt haben: 12.000 K Schulden aus dem Pfarrhausbau wurden in drei Jahren bis 1910 durch freiwillige Beiträge von 300, 100 oder

50 K jährlich abgetragen. (Jahresgehalt mit Zulagen des Pfarrers in Mitterbach 2.280 K, Jahresgehalt mit Zulagen des Lehrers in Ulreichsberg 1.650 K!). Im Jahre 1900 waren ohne den Bereich Krems 369 Kirchenbeitrags-Sollzahler verzeichnet, die zusammen 2.838 K aufbrachten. 1.412 K stammten allerdings von 55 Beitragszahlern, die 12 oder mehr Kronen aufbrachten. Ihr Durchschnittsbeitrag war also 25,67 K. 440 K kamen von 44 Beitragszahlern, die je 10 K aufbrachten. 222 Beitragszahler brachten 986 K auf, ihr Durchschnittsbeitrag war also 4,44 K. Es gab auch 48 Nichtzahler!

Mit einer beachtlichen Selbstsicherheit vertrat Jaquemar Gemeindeanliegen in der Öffentlichkeit: z.B. beim Empfang Kaiser Franz Josefs zum Regierungsjubiläum 1908 in St. Pölten kämpfte er für die dem Vertreter der anerkannten Evangelischen Kirche zustehende Position und unterstützte das Mädchen aus dem Evangelischen Waisenhaus, das von der Schule zum Aufsagen des Festgedichtes aus diesem Anlass vorgeschlagen wurde (*ein akatholisches Kind könne doch nicht würdig sein, seine apostolische Majestät zu begrüßen! Die allzustrenge Art der Betreuung in diesem Waisenhaus, vor allem deren Leiterin, beurteilte Jaquemar zumindest später nicht positiv*).

Auch die Lösung der unliebsamen St. Aegyder Friedhofsfrage fiel in seine Zeit: Da auf dem katholischen Friedhof Evangelischen Gräber an möglichst ungepflegten Stellen zugewiesen wurden, richtete die politische Gemeinde St. Aegyd einen öffentlichen Friedhof ein, der damals eigentlich ein evangelischer wurde. Da die Behörden damals versuchten, Übertritte zur Evangelischen Kirche möglichst zu erschweren, war es auch die Aufgabe des Pfarrers, den bestehenden Rechtszustand einzufordern.

1907 wurde der Predigtstationsausschuss St. Aegyd offiziell gebildet, er bestand aus dem Werksarbeiter Digruber (Hohenberg), dem Betriebsleiter Ernst (St. Aegyd), dem Holzknecht Edelbacher (Kernhof), Roman Pomberger (St. Aegyd) und Pfarrer Jaquemar als Schriftführer.

Bei der St. Aegyd-Kernhofer Holzknechtfamilie Edelbacher fanden von 1896 bis 1902 regelmäßig zwei Gottesdienste pro Jahr statt, die von Pfarrvikar Petersen eingeführt worden waren. 1900 hat Karl Wittgenstein ein bestimmtes Grundstück für die Kirche in St. Aegyd zugesagt. Die Waldbesitzer, wie Wittgenstein (St. Aegyd-Hohenberg), Hoyos (Kernhof-Lahnsattel), Rothschild (Gaming), Krupp (Walster) erkannten, dass die Mehrheit ihrer

Evang. Waldkirche St. Aegyd, vor 1914   Evang. Pfarramt Traisen

Holzknechte evangelisch war, und förderten das evangelische Gemeindeleben. Im Bereich des Stiftes Lilienfeld gab es im Wiesenbachtal sogar eine evangelische Holzknechtsiedlung mit eigener Kapelle, deren Überreste erst ca. 1950 beseitigt wurden, über Gottesdienste und andere geistliche Aktivitäten in dieser Kapelle ist bis heute leider fast nichts bekannt. Nach der Einweihung der neuen Waldkirche in St. Aegyd am 7. Juni 1903 fanden dort regelmäßig Gottesdienste statt, nach und nach aber auch Gottesdienste und oder Bibelstunden in Traisen und Hohenberg. Religionsunterrichtsstationen wurden bis 1913 in St. Aegyd, Traisen, Hohenberg, Türnitz und Hainfeld eingerichtet, ca. zwei Stunden alle 14 Tage. Im Schuljahr 1913/14 wurden 109 Schüler erfasst. 1914 zählte der Sprengel der Aegyder Predigtstation 488 „Seelen".

Pfarrer Hans Jaquemar war ein unermüdlicher und effektiver Arbeiter und Organisator. Die zeitraubenden Bahnfahrten hat er zur Vorbereitung genutzt, die Wartezeiten zu den Zügen zu Hausbesuchen (nach seinen Aufzeichnungen über 500 pro Jahr). Er wurde bei seiner Arbeit fast immer durch einen Vikar unterstützt, hat aber auch fünf Monate lang zusätzlich Mitterbach während der Vakanz Becker – Krückeberg versorgt, jede Fahrstrecke 3 ½ Stunden (es war noch Dampfbetrieb) mit der Schmalspurbahn. Im Sprengel seines damaligen „Fahramtes St. Pölten" mit 1.500 Gemeindegliedern gab es 2001 die Evangelischen Pfarrgemeinden St. Pölten, Amstetten, St. Aegyd-Traisen und Melk-Scheibbs mit zusammen 6.381 Gemeindegliedern. Der Bereich St. Aegyd-Traisen ist von 488 (1914) auf 1.311 gewachsen, die Anzahl der Schüler im Religionsunterricht hat sich durch die geänderte Altersstruktur seit 1914 nicht wesentlich geändert: statt 109 Schülern damals gab es im Schuljahr 2002/03 ca. 130 Pflichtschüler.

Zurückschauend müssen wir mit großer Achtung und Dankbarkeit auf die Leistungen der damaligen Pfarrgemeinde St. Pölten für ihre Predigtstation St. Aegyd blicken. Eine Gruppe von grundsätzlich recht konservativ eingestellten Pfarrern hat diese Aufbauarbeit erbracht, genauso wie breiten bürgerlichen Schichten war ihnen die neue Zeit mit gleichem Wahlrecht für alle – aber nur für Männer – (ab 1906), mit den soziologischen Umwälzungen durch die Industriealisierung und mit der modernen Kunst fremd. Die rechtsstaatlichen Möglichkeiten der konstitutionellen Monarchie schienen auch dieser Gruppe jedenfalls sinnvoller als der gerade im Wien Luegers herrschende Populismus und das parlamentarische Chaos der letzten Jahre vor dem 1. Weltkrieg. Diese Gruppe tendierte innerlich wohl mehr zum Zensus-Wahlrecht als zur demokratischen Republik.

Familie Jaquemar

Hans Georg Jaquemar (geb. 1864 in Wien, gest. 1953 in Salzerbad) hatte bereits eine reiche Berufserfahrung hinter sich, als er 1905 in St Pölten zum Pfarrer gewählt wurde. Seine Vorfahren waren Hugenotten aus dem Raum Sedan, die nach der Vertreibung Aufnahme und neue Existenz im Raume Erlangen gefunden hatten. 1779 zogen sie nach Wien und waren Gründungsmitglieder der Wiener reformierten Ge-

Pfarrer Hans Jaquemar, 1906
Evang. Pfarramt Traisen

meinde. Vater Hans Josef Jaquemar betrieb in der Herrengasse ein Handschuhmachergeschäft. H. Jaquemar begann sein Theologiestudium in Wien, schloss es in Halle an der Saale ab und machte ein Vikars/Kandidatenjahr bei der Berliner Stadtmission. 1891 in Wien zum Pfarrer ordiniert, arbeitete er zunächst bei der Breslauer Judenmission, bis er 1892 Pfarrer der extremen Diasporagemeinde Laibach im damaligen Kronland Krain wurde. Als Pfarrer in Laibach heiratete er die Wiener Pfarrerstochter Emmy Witz-Oberlin, die dann auch als Kindergärtnerin in Laibach arbeitete. So konnte sie dann auch ihre Kinder Rene (geb. 1895), Erwin (geb. 1902) und Martha (geb. 1904) während der ersten Volksschulklassen zu Hause unterrichten, was damals gar nicht so selten war.

Die kleine Wohnung im Anbau der Aegyder Kirche war die erste Wohnung der Familie Jaquemar in der neuen Pfarrgemeinde: zwei kleine Zimmer, eine Küche, zusammen 32,4 m², dazu eine Dachbodenkammer. Wasseranschluss gab es keinen, jeder Tropfen Wasser musste von der einige Minuten weit weg liegenden Quelle in der Talsohle geholt werden. Für Eltern, drei Kinder und zwei Hausgehilfinnen wahrlich keine fürstliche Unterkunft. Trotzdem galten diese acht Sommer als Idyll der St. Pöltner Zeit. Der Kirchenvorplatz mit der schönen Aussicht vor allem auf den wunderschönen Gippel diente bei gutem Wetter als Erweiterung der Wohnung, auch die Kirche war wohl in irgendeiner Weise in das Wohnen ein bezogen. H.G. Jaquemar schrieb über diese Zeit im Rückblick:

Eine ganz besondere freundliche Zugabe des Schicksals war, dass sich unter den Sommerfrischlern Aegyds einige Familien von stärkstem Interesse für das evangelische Kirchenwesen fanden. Die Beziehungen zu ihnen gestalteten sich umso lebhafter und abwechslungsreicher, als auch sie Kinder in ungefähr gleichem Alter wie die unsrigen hatten: Pfarrer Stökl mit zwei Söhnen und einer Tochter, der Württemberger Rudolf Stroh, Fabrikant von Holz- und Pflanzenschutzmitteln, mit fünf Kindern und der Bremer Kaufmann Johann Wetjen mit damals zwei Kindern. In jedem Sommer fanden wir uns wieder zusammen. Sie nahmen nicht nur an den Gottesdiensten regelmäßig teil, sondern ebenso an den Bibel- und Gesangsstunden und an allem, was das Gemeindeleben betraf. Sowohl wir Männer wie unsere Frauen und auch unsere Kinder harmonierten untereinander, und schließlich waren wir alle zusammen ein intimer Freundeskreis, der sich fast täglich irgendwie zusammenfand, Erziehungsfragen und Zeitprobleme miteinander erörterte und Freud und Leid des Lebens miteinander teilte. Was haben wir für herrliche Wald- und Bergwanderungen mit unseren Kindern gemacht! Mit Vorliebe auf den nahen Traisenberg, gelegentlich auf die Paulmauer, auch auf den Türnitzer Höger, auf den Gippel und den an Gemsen und herrlichsten Alpenblumen reichen Göller, der damals nur mit besonderem Erlaubnisschein des Forstmeisters begangen werden durfte. Gelegentlich unternahmen wir vier Ehepaare auch Tagesausflüge mit einem

Mietwagen. So überraschten wir im August 1910 die Pfarrersleute Herrmann in Nasswald und trieben im Schulzimmer als Schüler unsere harmlosen Späße. Im nächsten Sommer ging es über das Gscheid und den Sattelberg nach Mariazell und Mitterbach. Wie waren diese Fahrten gewürzt und verkürzt mit Liedern und Erzählungen! Den Tod von Strohs jüngstem Töchterchen Marlene empfanden wir ebenso als gemeinsames Leid wie die Geburt von Stökls Sohn Hans als gemeinsame Freude, und es war eine Selbstverständlichkeit, daß ich ihn taufte und meine Frau seine Taufpatin wurde, welches Verhältnis noch 35 Jahre später zu herrlichen Briefen veranlaßte. Allmählich genügten uns die kurzen Sommerferien für unsere freundschaftlichen Bedürfnisse nicht mehr, sondern wir hielten während der anderen Jahreszeiten hin und wieder in Wien gemeinsame „Aegyder Abende“ unter der scherzhaften Bezeichnung „Aegyder Platte“ ...

Postkarte mit Ansicht der Waldkirche von der Hangseite, 1911 von Emmy an Hans Jaquemar
Archiv Jaquemar

Familie Stökl

Am 28. April 1901 starb auf einer Reise zur Kur in Karlsbad der 36-jährige, zuckerkranke Pfarrer Peter Petersen von St. Pölten, der sich schon sechs Jahre intensiv um die Evangelischen im Aegyder Raum gekümmert hatte. Seine Witwe, Camilla Dietrichs, trat im Einvernehmen mit dem St. Pöltner Presbyterium an Pfarrer Erich Stökl in Steyr heran, damit dieser sich um die Pfarrstelle bewerbe. Stökl bewarb sich und wurde gewählt, nach einigen Querelen auch von der niederösterreichischen Statthalterschaft bestätigt: Man hatte ihn seitens der oberösterreichischen Statthalterschaft angeschwärzt, er wäre politisch unzuverlässig, ein deutschnationaler Agitator. Stökl führte dies auf einen geschichtlichen Vortrag über Martin Luther im Linzer Volksgarten zurück, in einer Veranstaltung, bei der auch der wohl Alldeutsche Dr. Eisenkolb aus Böhmen gesprochen hat. Der deutschnationale Bürgermeister von St. Pölten habe mit einer der gefürchteten Reichsratsanfragen gedroht. Stökl blieb bis zu seiner Wahl nach Wien-Gumpendorf 1905 in St. Pölten, 1912 kam er an die Wiener Lutherische Stadtkirche.

Pfarrer Erich Stökl, 1896   Archiv Kretz

Erich Stökl (geb. 1871 in Wiener Neustadt, verst. 1950 in Hadersdorf bei Wien) hatte eine gemischt evangelisch-katholische Abstammung: seine Mutter Helene geb. Boeckel war aus Brandenburg als Erzieherin nach Österreich gekommen, sein Vater Rudolf Stöckl stammte aus einem Bauerndorf bei Orth a.d. Donau und war bis zur Geburt der Kinder katholisch. In Wiener Neustadt spielte er jahrzehntelang als Direktor der Musikschule eine bedeutende Rolle im Musikleben der Stadt. Zur Geburt seines Zwillingspärchens 1875 trat er in die evangelische Kirche über und änderte seinen Namen in Stökl, in bewusstem Stolz, der Gründer einer evangelischen Familie in Österreich geworden zu sein. Nach seinem frühen Tod brachte die junge Mutter und erfolgreiche Schriftstellerin tapfer ihre Kinder durch Schreiben und Aufnahme von Koststudenten (im Schülermund auch „Kostschachtel" genannt) durch, wofür es wegen der geringen Dichte von höheren Schulen im ländlichen Raum größeren Bedarf gab. Erich wurde vom Wiener Neustädter Pfarrer gefördert und erhielt schon zum Gymnasialbesuch eine Art Stipendium, das wohl auch die Basis für sein Theologiestudium ab 1889 in Wien, dann Jena und Berlin war. Das Wiener Neustädter Pfarrhaus und die gute Kanzleiführung haben Erich schon als 15-Jährigen sehr beeindruckt und ein praktisches Basiswissen über kirchliche Verwaltung vermittelt. 1891 hat er erstmals

– und zwar in Neunkirchen – gepredigt. Nach der Kandidatenprüfung im Frühjahr 1893 und der Amtsprüfung im Herbst 1893 wurde er ordiniert und kam für zwei Jahre als Personalvikar zur Unterstützung eines älteren Pfarrers nach Reichenberg im Sudetenland. Er bewarb sich um die Pfarrstelle in Gablonz, wobei er aber nach einem erregenden Wahlkampf zwischen den Gablonzer Gürtlern und den Industriellen unterlag. Noch 1895 wurde er zum Pfarrer nach Steyr gewählt. Steyr war eine riesige Diasporagemeinde, die bis Waidhofen/Ybbs reichte und zu der auch das Gefangenenhaus in Garsten gehörte. Im Gefängnis waren ein Raubmörder (Küster) und ein wegen Falschmünzerei einsitzender Lehrer (Organist) verlässliche Mitarbeiter. 1896 wurde mit ganz knapper Mehrheit dem geplanten Kirchbau in Steyr die Liebesgabe des Gustav Adolf Werkes zugesagt, der Kirchbau begann 1897 und wurde 1898 abgeschlossen.

In der Reichenberger Zeit lernte Erich Stökl 1893 als Vikar in der Nachbargemeinde Gablonz bei Pfarrer Arthur Schmidt dessen Schwägerin Helene Nachtweh kennen und lieben. Sie heirateten 1896. Stökl berichtete, dass zum Festschmuck auch die Birken der kurz vorher gefeierten Fronleichnamsprozession verwendet wurden. Pfarrer Arthur Schmidt war mit Marie, geb. Nachtweh verheiratet, deren 5. Kind, Dr. Walter E. Schmidt (+ 1943 in Stalingrad) Käthe Wetjen (1908–1987) heiratete.

Stökl war auch stolz, dass er durch Herkunft und Verwandtschaft mit verschiedenen Religionsgemeinschaften (evang.-lutherisch, altevangelisch, neuevangelisch, römisch-katholisch) aber auch mit deutsch-österreichisch und reichsdeutsch vertraut war.

In Steyr wurden die Kinder Walther und Erika geboren, in St. Pölten Hans, der auch 1903 in St. Aegyd getauft wurde, erst 1916 kam Sohn Günther zur Welt. Familie Stökl begann mit den St. Aegyder Sommerfrischen, den ersten ihres Lebens, schon 1903. Zunächst wohnte die Familie im Anbau an die Kirche, dann in einem Haus am Waldrand (siehe Bild), zuletzt in einer Villenwohnung.

Im Jahre 1900 hatte der Industrielle Ludwig Wittgenstein das Grundstück im Haselgraben für den Bau einer evangelischen Kirche zugesagt, die grundbücherliche Eintragung erfolgte 1902. Auch Finanzierungsgespräche müssen zur Zeit Pfarrer Petersens schon in die Wege eingeleitet worden sein. Jeden-

falls konnte das St. Pöltner Presbyterium am 10.7. und die Gemeindevertre-
terversammlung am 13.7.1902 unter dem Vorsitz des neuen Pfarrers Stökl
den Beschluss zum Kirchbau fassen, wobei allerdings die Bedingung gestellt
wurde, dass aus diesem Bau der Pfarrgemeinde St. Pölten keine Verpflichtun-
gen erwüchsen, das Presbyterium hatte nur die Haftung für 1.000 K übernommen. Es wurde aber sehr wohl darauf hingewiesen, dass Stökls Erfahrungen mit dem Kirchbau und dem Pfarrhausbau in Steyr St. Pölten und dem St.
Aegyder Projekt zu Gute kommen werden. Der Baubeginn in St. Aegyd erfolgte im September 1902, und die Einweihung konnte am 7. Juni 1903 vor-
genommen werden.

1914 schrieb Helene Stökl in ein für ihre Tochter Erika (geb. 1899) zur
Konfirmation angelegtes bebildertes Erinnerungsalbum:

*Ebenso werden Dir die Aegyder Zeiten unauslöschlich eingeprägt sein. Was sind doch mit
diesem lieblichen Erdenfleck für schöne Erinnerungen für uns alle verbunden. Zunächst zwei
Sommer im Aegyder Kirchlein, wo wir alle das 1. Mal eine Sommerfrische auf dem Lande
schätzen lernten. Ein Lämmchen begleitete uns auf allen Wegen und zumeist das kleine Brü-
derchen (Hans). Du sangest mit den Leuten, die Heu machten, und rutschtest mit Deinem
Bruder um die Wette den Abhang hinunter und lagst zärtlich neben Deinem Vater in der
Hängematte. Bei Tante Helgas Hochzeit durftest Du Blumen streuen. Als wir später wieder nach Aegyd kamen, bewohnten wir ein nettes Haus, ganz nahe am Wald. Gute Freunde hausten in der Nähe, so dass es zu einem fröhlichen Hin- und Her kam. Das schönste für
uns alle waren aber die Stunden, die wir im lieben Kirchlein sein durften.*
*Sommer 1912 ... und es war trotz Regens, den wir fast immer hatten, eine herzliche Fröh-
lichkeit unter uns allen.*

Das feuchte Klima dieses und wohl auch des nächsten Sommers wurde von
den Kindern nicht so gut vertragen, und so beendete Familie Stökl die Aegyder Sommerfrischen und wählte das sonnigere Techendorf am Weißensee als
neuen Ferienort.

Familie Stroh

Rudolf Stroh (geb. 1867 in Stuttgart, gest. 1950 in Wien) war 1905 in lei-
tender Position bei der Firma Avenarius tätig. Richard Avenarius aus dem
Stuttgarter Raum suchte am Ende des 19. Jhdts. für Produktion und Vertrieb
in der österreichisch-ungarischen Monarchie einen tüchtigen Mitarbeiter. Rudolf Stroh hatte 1891 nach der Matura eine kaufmännische Lehre gemacht,

120

Sommerfrischenwohnung 1911 von Familie
Stroh: Haus Bauer (abgerissen)   Archiv Kretz

Haus Bauer 2002

Sommerfrischenwohnung 1911 von Familie
Stökl, sog. Judenhaus (abgerissen)   Archiv Kretz

Haus Alte Landstraße 18, an der Stelle des sog.
„Judenhauses"

Sommerfrischenwohnung 1911, „Villa am Waldrand"   Archiv Kretz

„Villa am Waldrand" (Nikoll) 2002

eine dreijährige Anstellung in Holland im Farbenbereich und die Militär-
dienstzeit (Oberleutnant der Reserve) hinter sich und wurde dann mit dieser Aufgabe in Österreich betraut. Die Firma Avenarius wurde in Amstetten vom Waschküchenbetrieb zum Industriebetrieb ausgebaut und 1894 als
„Carbolineumfabrik R. Avenarius Amstetten" protokolliert, das Zentralbü-
ro war in Wien. Das Hauptprodukt war das Holzschutzmittel Carbolineum,
ein schweres Steinkohlenteeröl, das R. Avenarius erfunden hatte. Ein wichtiges Anwendungsgebiet war die Imprägnierung von Holzschwellen für die
Bahn. Später kamen die Produkte Dendrin und Neodendrin dazu, die sehr erfolgreich über fast 100 Jahre als Obstbaum-Pflanzenschutzmittel in Österreich verkauft wurden, sowie Korrosionsschutzmittel, Wildverbissprodukte
u.ä. Rudolf Stroh war zur Zeit der Sommerfrischengemeinde zumindest auf
dem Weg zum erfolgreichen Unternehmer und Eigentümer. Später manag-
te er auch Tochtergesellschaften in Pressburg, der damaligen Tschechoslowa-
kei, und in Polen.

Sommerfrischengemeinde vor dem Bahnhof, datiert 1908. Identifiziert: Helene Stökl, Emmy Jaquemar, Frieda Stroh, Martha Jaquemar, Hans Jaquemar, Luise Stroh, Hans Stökl, Erwin Jaquemar,
Walther Stökl, Richard Stroh, Erika Stökl, Wilhelm Stroh, Rudolf Stroh   Archiv Kretz

Rudolf Stroh war in einem württembergisch-pietistischen Elternhaus als eines von zehn Kindern herangewachsen. Gesangbuch und Bibel waren lebenslang seine Lieblingsbücher. Von eher kleiner Gestalt, aber mit zuversichtlich-fröhlichem Gemüt gelang es ihm, „anständiger" Geschäftsmann zu werden, der im Geschäftsleben nicht in Widerspruch zu seiner tiefen Frömmigkeit geriet. Als nach 1945 die Firma Avenarius als deutsches Eigentum unter russische Verwaltung (USIA) geriet, bedauerte er weniger den Verlust seines Eigentums als den Verlust, anderen, vor allem evangelischen Stellen, nicht mehr so unter die Arme greifen zu können, wie er es vorher getan hatte.

1896 hatte Rudolf Stroh in Berlin Friederike Heinze geheiratet, die er im Hause ihrer Schwester in Angern bei Wien kennen gelernt hatte. Zwischen 1897 und 1908 wurden die sechs Kinder der Familie geboren, davon der jüngste Sohn in St. Aegyd, während der Sommerfrische. Leider ist die jüngste Tochter, Marlene, auch in dieser Zeit im Alter von sechs Jahren verstorben.

Die Sommerwohnung war im Haus Bauer, am Eingang zum Weißenbachtal. Hinter dem Haus lag das Sägewerk mit dem „Sagmeister" Haberteurer, das von einem kleinen und einem großen Wasserrad angetrieben wurde. Auch die Sommerfrischler hatten ab vier Uhr Früh das Rauschen der Gattersäge, das schrille Kreischen der Kreissäge und das Quietschen vom Schärfen der Sägezähne anzuhören. Jenseits der Straße und des Weißenbaches war – in den Augen der Kinder ein „riesiger" – Steinbruch. So konnte auch der Arbeitsalltag sehr genau beobachtet werden. Natürlich gab es im Haus kein fließendes Wasser, das Trinkwasser musste mit einer Kanne von einer acht Minuten entfernten Quelle geholt werden. Zwölfmal, jeden Sommer, und zwar bis in die ersten Kriegsjahre des 1. Weltkrieges, war Familie Stroh 2 ½ Monate in St. Aegyd, und Aegyd war ihr zur zweiten Heimat geworden.

Familie Wetjen

Johann Wetjen (geb. 1880 in Bremen, gest. 1964 in Purkersdorf) und Käthe, geb. Zimmering (geb. 1883 in Bremen und gest. 1965 in Purkersdorf), waren nach Wien gekommen, weil Johann Wetjen die Firma „Wollschaff" zu vertreten hatte. Das Geschäft entwickelte sich aber so gut, dass ein eigenes Geschäft mit dem Namen „Wetjen Wolle Wien" gegründet und erfolgreich betrieben werden konnte. Sie bewohnten in Wien eine Mietwohnung in der Blumengasse 4–6. Der Evangelische Oberkirchenrat A.B. hatte die beiden Häuser zur Erweiterung des Theologenheimes gekauft und in einem Teil (Haus Nr. 6) drei größere Wohnungen eingerichtet: Dort wohnten ab 1913 der Kirchenrat Pfarrer Molin, der neu bestellte Generalsekretär des Zentralvereines f. Innere Mission, Pf. Hans Jaquemar und Familie Wetjen je in einem Stock. Johann Wetjen war seit seiner Übersiedlung nach Wien ein sehr begehrter ehrenamtlicher Mitarbeiter in der Evangelischen Kirche. 1912 war er bereits Schatzmeister-Stellvertreter im Ausschuss (sieben Mitglieder) des neu gegründeten Zentralvereins f. Innere Mission.

Familie Wetjen war 1905 bis 1913 zur Sommerfrische beim Ebenbauer in St. Aegyd, damals mit ihren Kindern Reinhold (geb. 1906) und Käthe (geb. 1908). Sie war die jüngste und kleinste (zwei weitere Kinder sind erst 1914 und 1916 geboren) der vier Sommerfrischenfamilien.

Kindererlebnisse und Anekdoten

Teilweise haben die Kinder der Sommerfrischengemeinde ihre Erlebnisse aus der Erinnerung aufgezeichnet, Anekdoten wurden auch im Familienkreis überliefert. Dr. Wilhelm Stroh (geb. 1898) schrieb auch die besondere Hochachtung vor seiner Mutter nieder, die 1908 im achten Monat schwanger, mit ihrer großen Kinderschar in die wenig komfortable Sommerfrische zog. Nicht nur Kleidung und Bettzeug, Spielsachen, Ölmalkasten, Skizzenbuch mussten mit – einmal sogar der Kanarienvo-

Zehn Kinder der Sommerfrischengemeinde, datiert 1908. Identifiziert: Walther Stökl, Richard Stroh, Erika Stökl, Lore Stroh, Hans Stökl, Luise Stroh, Rene Jaquemar, Erwin Jaquemar, Wilhelm Stroh, Martha Jaquemar   Archiv Kretz

gel. Die Sommerfrischenkinder haben einzeln und gemeinsam gespielt: Der Hang vom Kirchenvorplatz eignete sich auch dazu, um einfach um die Wette herunterzurutschen, der Weg, um mit dem Leiterwagerl hinunter zu sausen. Das konnten schon die Vierjährigen. Der steile Felsweg um den Kirchenkeller herum reizte zum Ausbau, Stufen schlagen, überhaupt die Bearbeitung von Kalkstein mit Hammer und Meißel zu üben. Es gab Rate- und Scharadenspiele, jeder wollte sich einen Bergstock und Pfeil und Bogen basteln.

Besonders Vater Stroh leitet die Kinder an, die Augen nach Pilzen, Blumen und Beeren offen zu halten, auf Wanderungen das Wild zu beobachten, auch Schmetterlinge zu sammeln und ihre Larven heranwachsen zu lassen. Man durfte dann und wann mit dem Flobert-Gewehr auf alte Büchsen und Glühlampen schießen, lernte das Morsealphabet und verständigte sich mit Flaggenzeichen (z.B. vom Haus Bauer, in dem Familie Stroh wohnte, zum Haus „Alte Landstraße 18", das Familie Stökl beherbergte).

Wilhelm Stroh war auch vom Fischen fasziniert und hat sogar einmal mit umgebogener Stecknadel, Regenwurm, Spagat und Haselnussstock zwei Forellen wohl hinter dem hauseigenem Wasserrad gefangen, später sehr betroffen von einer solch unrechten Tat.

Am 21.7.1911 schrieb Erika Stökl an ihren Vater (Abb. nächste Seite).

Lieber Papa!

Wir freuen uns alle sehr, dass Du so gutes Wetter in Topolschitz hast. Bei uns ist es schon die ganze Woche herrlich, wir waren schon dreimal baden. Zweimal bei 16°, heute fast bei 17 °.* Dienstag waren Herr Wetjen, eine Schwester von Frau Wetjen, Tante Emma, Luise, Richard und ich auf dem Traisenberg. Die Aussicht war wunderschön. Gestern sind wir, im ganzen 21 Personen, nach Kernhof gefahren. Wir gingen zu Edelbachers, sie haben ein kleines Kalb und zwei winzige, sehr herzige Kätzchen. Wir gingen auch zur Hirschfütterung, wo wir mit einer Maschine Heu zerkleinerten. Nach Hause gingen wir 13 Personen, die anderen fuhren den Waldweg. Es war wunderschön.

Viele Grüße und Küsse von Deiner Erika

---

*Am 30. Juni 1907 wurde das erste Schwimmbad des Verschönerungsvereines St. Aegyd eröffnet. Ein speziell angelegtes Seichtwasserbecken sollte als Wasservorwärmer dienen, trotzdem konnten kaum höhere Temperaturen als die angegebenen erzielt werden.

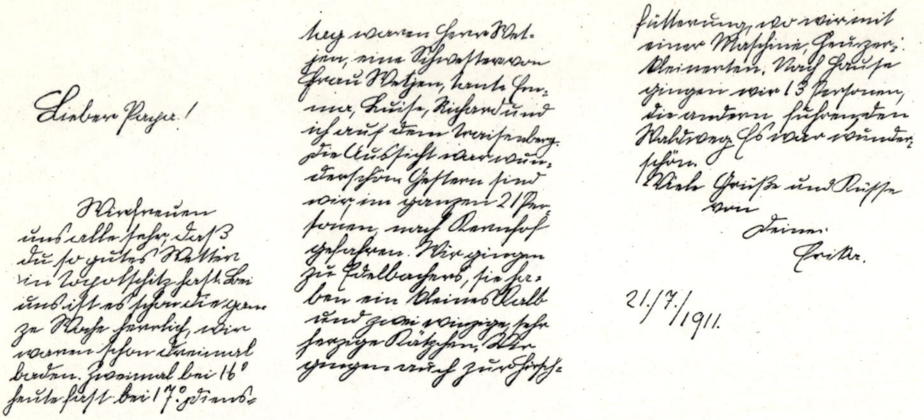
21./7./1911.

Ein besonderer Spielplatz war auch der, den die Familien Boccia-Platz nannten. Dort gab es Haselstauden, die als Grafenschloss dienten, Rene Jaquemar als Ältester war meist der Graf, Luise Stroh die Gräfin. Es mag auch dann und wann Streit gegeben haben, wenn z.B. Walther Stökl der Graf sein wollte. Wilhelm Stroh und Erika Stökl nannten sich Mandi und Fraudi und waren das Oberhofmeisterpaar.

Damals war auch die St. Aegyder Kirche schon für Kinder einladend: Sie eignete sich hervorragend dazu, Trauung zu spielen, mit Glockengeläute, Pfarrer und Brautpaar. Ob es mehr als einmal vorgekommen ist, nicht nur mit den Jaquemar-Kindern, Rene als Pfarrer, Erwin und Martha als Brautpaar?

Jedenfalls war die Kirche allen vertraut, und die Gottesdienste halfen auch mit, die Holzknecht- und Arbeiterfamilien Edelbacher, Nutz, Gamsjäger und Pomberger kennen zu lernen.

Als weiteste Bergtour erinnert sich Wilhelm Stroh an eine Ötscherbesteigung. Zunächst zu Fuß nach Mitterbach, dort Übernachtung, dann Anstieg über Ötschergräben, Spielbüchler, wo es einen herrlichen Kaiserschmarrn gab, steil hinauf zum Rippel, dann Ötscherhaus und über den Grat im vollen Nebel zum Gipfelkreuz.

Ein Ausflug ganz besonderer Art soll noch geschildert werden: Vater Stroh brach mit *neun* Kindern, jedes davon mit einem Jausenbrot ausgerüstet, in den Unrechttraisengraben auf. Als das Gscheid erreicht war, wanderte man wegen des wunderschönen Sommertages zum Hubertussee in der Walstern und von dort gleich weiter bis Mariazell. Nur, zurück konnte man an diesem Tag nach sechs bis acht Stunden Fußweg nicht mehr, und zum Übernachten in Mariazell hatte Vater Stroh nicht genug Geld mit. So wanderten sie alle weiter nach Mitterbach, immerhin auch noch deutlich über eine Stunde, wo Herr Stroh von einem Geschäftsfreund Geld borgte, ein gewaltiges Gewitter loskrachte und rauschte, alle irgendwo übernachteten. Am nächsten Tag kamen sie mit der romantischen Mariazellerbahn und der Traisentalbahn wohlbehalten wieder in St. Aegyd an. Glücklicherweise gab es damals schon ein Telefon*, mit dem die Mütter in St. Aegyd von dem Umweg verständigt werden konnten. Sicher haben alle beteiligten Kinder diesen Ausflug nie vergessen.

*1902 wurde St. Aegyd über eine private Leitung an die öffentliche Leitung angeschlossen, die bis Hohenberg bestand.

St. Aegyd im späteren Lebensraum der Familien Jaquemar, Stökl, Stroh und Wetjen

Johann Wetjen hat nach 1913 St. Aegyd mehr aus der Ferne beobachtet: Es gab noch immer die Treffen der St. Aegyder Platte. Außer den privaten Bindungen gab es aber für den vielseitig engagierten Mitarbeiter Wetjen viele Aufgaben, z.B.:
- 1912 Gründungs- und ab diesem Zeitpunkt Ausschussmitglied des Zentralvereins für Innere Mission
- 1917 Sprecher des Schlussgebetes bei der großen Jubiläumsveranstaltung zur 400-Jahr-Feier der Reformation in der Währinger Kirche
- 1931 Präsident der Synode, die an einer neuen Kirchenverfassung arbeitete
- 1936 Leitung der Jahresversammlung der Stiftung des Gustav-Adolf Vereines in Villach am 7. und 8. September 1936
- 1939/40 Organisation der zentralen Einhebung und Verwaltung der Kirchenbeiträge sowie der zentralisierten und gleichen Gehaltsauszahlung an alle Pfarrer in der „Evangelischen Kirche Österreichs". (Es ist fast ein Kuriosum, dass es nie eine „Evangelische Kirche der Ostmark" gab, diese ihren Namen „Evangelische Kirche in Österreich" auch weiterhin offiziell führte).

Im Gebiet der 1927 selbständig gewordenen Pfarrgemeinde lagen die Einrichtungen von Salzerbad, deren Eigentümer der Zentralverein bzw. seine

Nachfolger waren. Das Wissen um die schwierige finanzielle Lage der neuen Gemeinde 1930 bis 1933, als deshalb sogar die Rückgliederung an St. Pölten zur Diskussion gestellt wurde, war Wetjen sicher bekannt. Mit kräftiger Unterstützung des Gustav Adolf Vereins wurde im Herbst 1936 mit dem Pfarrhausbau in St. Aegyd begonnen, also sofort nach der von Wetjen geleiteten Jahresversammlung in Villach. Die Einweihung des neuen Wohnhauses erfolgte beim Gustav-Adolf-Zweigvereinsfest in St. Aegyd am 27. Juni 1937. Kirchenrat Wetjen wusste wohl immer Bescheid. Er wusste auch sehr genau über die finanzielle Benachteiligung von Pfarrern von kleinen und finanzschwachen Gemeinden Bescheid und hat sicherlich an vielen Entscheidungen zur Verbesserung der Lage von St. Aegyd mitgewirkt. Er hat aber nicht dafür gesorgt, dass seine Leistungen dokumentiert wurden.

Für einen von Wetjens Enkeln, Jürgen Schmidt, geb. 1939, wurde St. Aegyd wichtig. Er begann als zweitjüngstes von sechs Geschwistern seine landwirtschaftliche Ausbildung beim (r.k.) Weirerbauern, Weissenbach 71 (?), 1957 (?), über Vermittlung von Erwin Jaquemar, der aus seiner Tätigkeit als Landwirtschaftsbeauftragter (1940–1945) des Kreises Lilienfeld viele Bauernhöfe kannte. Jürgens Mutter (Käthe, geb. 1908) war die älteste Tochter von Johann und Käthe Wetjen, sie hatte Dr.med. Walter Schmidt geheiratet, dessen Vater Pfarrer in Bielitz und mit Familie Stökl verschwägert (siehe Familie Stökl) war. In Bielitz hatte Heinrich Kinzelmann die Lehrerbildungsanstalt besucht! Dr. Schmidt war 1929 bis 1934 Arzt in Techendorf am Weissensee, nachher beim österreichischen Heer in Wiener Neustadt. Mit der 6. Armee war er als Regimentsarzt in Stalingrad* eingesetzt. Sein tragisches Schicksal ist von Dr. Hans Dibold im Buch „Arzt in Stalingrad" beschrieben: Zusammen mit zwei Feldgeistlichen wurde er aus dem Höhlenlazarett „Timoschenkobunker" abgeführt und von einem sowjetischen Politfunktionär erschossen. Frau Käthe Schmidt hatte nun für ihre sechs Kinder selbst zu sorgen, sie arbeitete ab 1946 als Oberschwester im evangelischen Krankenhaus Wien-Rossauerlände.

*Stalingrad hat unter anderem in der Pfarrgemeinde St. Aegyd die Familie Neuman in Marktl besonders berührt. Der geschäftsführende Gesellschafter der Firma Fried. v. Neuman in Marktl/Lilienfeld von 1949 bis 1980, Dipl.-Ing. Dipl.Kfm. Walther Pollak (1913-1982), war einer der ganz wenigen, die nach dem sowjetrussischen Sieg in der Schlacht von Stalingrad (1943) auch die 5-jährige Kriegsgefangenschaft in Russland überlebten. Er hat wiederholt namhafte Spenden für die Evangelische Kirche in Traisen (Fertigstellung 1957) geleistet.

Erholungsheim Salzerbad bei Kleinzell, Zeichnungen von Emmy Mikulicz-Zelinka 1930   Archiv Bellak

Pfarrer Hans Jaquemar beerdigte 1917 in St. Aegyd Mutter Anna Edelbacher in alter Verbundenheit mit der Familie. 1945 wurde Pfarrer Dr. theol. h.c. Hans Jaquemar (in seinem 81. Lebensjahr!) mit der seelsorgerlichen Versorgung von Türnitz betraut, da die Verkehrsverhältnisse in der Nachkriegszeit lange nicht mehr so geordnet waren wie vor dem 1. Weltkrieg und der Pfarrer von St. Aegyd, Friedrich Mauer, noch nicht aus der Kriegsgefangenschaft zurückgekehrt war. 1920 erwarb der Verein für Innere Mission Liegenschaften in Salzerbad und richtete dort das Erholungsheim für Kinder und Erwachsene ein. (Von 1920 bis 1939 wurden 814.298 Verpflegstage gezählt!). Rene Jaquemar war von 1923 bis 1926 ständiger Pfarrvikar in St. Aegyd. Noch war St. Aegyd keine eigene Pfarrgemeinde, aber seit 1919 ständiges Vikariat. Anschließend, als er die Vikariatsstelle gesundheitshalber nicht mehr ausüben konnte, war er Rektor der Einrichtungen in Salzerbad, unterstützt von seinem jüngeren Bruder Erwin. Nach dem Tod von Rene (1937) übernahm Erwin Jaquemar die Leitung der Salzerbader Einrichtungen bis 1940 und ab 1950 bis zu seiner Pensionierung 1971. 1960 bis 1973 war er Bürgermeister von Kleinzell, der politischen Gemeinde, zu der Salzerbad gehört. 1963 wurde Erwin Jaquemar zum Kurator der Pfarrgemeinde St. Aegyd gewählt und übte dieses Amt bis 1983 aus. Besonders während der Pfarrstellenvakanz, als zwischen 1976 und 1980 überhaupt kein Seelsorger in der Gemeinde hauptamtlich tätig war, bewies er als Kurator viel Umsicht. 1980 kam dann ein junger Vikar, Mag. Karl-Jürgen Romanowski nach Traisen, das inzwischen Sitz des Pfarramtes geworden war. Erwin Jaquemar war ihm von Anfang an, und als Romanowski mit der Pfarrstelle betraut war, immer väterlicher Freund und Begleiter. Ab 1971 lebte Erwin Jaquemar in seinem Haus in Kleinzell. Wenn von Jaquemar, Salzerbad und St. Aegyd die Rede ist, ist es selbstverständlich, auch an Erwins Frau Renee (geb. 1903, gest. 2002) zu denken, die zunächst auch

Erika Kolder (geb. Stökl) und Erwin Jaquemar auf der Terrasse der Aegyder Waldkirche anlässlich der 80-Jahr Feier der Einweihung (7. Juni 1983)
Archiv Kretz

für die Verwaltung von Salzerbad arbeitete, bis ins hohe Alter die Gottesdienste in der Predigtstelle Salzerbad mit Harmonium und Orgel mitgestaltete. Vielen innerhalb und außerhalb der Pfarrgemeinde muss die gebildete, gescheite, tüchtige und warmherzige Frau eine Art „Seele" von Salzerbad bedeutet haben. Für die starke Bindung der Familie Jaquemar an St. Aegyd spricht auch, dass beim Trauergottesdienst für Martha Jaquemar (geb. 1904, verst. 2000), der Schwester von Rene und Erwin, für die Erhaltung der Hoffmann-Waldkirche in St. Aegyd beträchtliche Spenden gesammelt wurden.

Salzerbad bedeutete jahrzehntelang sehr viel für das Evangelische Österreich: Erholungsaufenthalte, Urlaube, Jugendfreizeiten und damit verbunden Pflege von Freundschaften und Bildung neuer Freundschaften. Erst nach dem Begräbnis von Renee Jaquemar im Jahre 2002 war zu erkennen, dass diese Periode im Ausklingen ist.

Für Pfarrer i.R. Hans Jaquemar (geb. 1932), einen Enkel von Dr. theol. Hans Jaquemar, bedeutet Salzerbad neben dem Heimatgefühl für die Landschaft aus Tälern und Bergen, Wiesen und Wäldern auch die Erinnerung an zwölf Stunden Haftstrafe: War er doch 1954 (noch) ohne Führerschein, nur so zum Ausprobieren, mit dem LUX*-Motorroller von (Dipl.-Ing.) Hans Kretz (geb. 1930), der mit (Mag.pharm.) Brigitte Kolder, einer Enkelin von Erich Stökl, verlobt war, unterwegs und wurde von einem wachsamen Gendarmen erwischt. Die dafür abgesessenen 12 Stunden Haft waren ihm aus Kostengründen offenbar lieber als die ansonsten fällige Geldstrafe. Hans Kretz zahlte seine Geldstrafe.

*Die Motorisierung setzte für manche in den 50er Jahren mit dem Motorroller ein: noch vor dem Puch-Roller gab es den Lohner-Roller und – aus einer Wiener Kellerwerkstätte – auch den LUX-Roller.

Pfarrer Erich Stökl, der inzwischen Wiener Senior und Dr. theol. h.c. geworden war und 1929 zum außerordentlichen Oberkirchenrat bestellt wurde, hielt am 7. Juni 1928 in der Evang.Waldkirche St. Aegyd die Festpredigt zum 25-Jahr-Jubiläum der Einweihung. Ob der Holzknecht noch dabei war, der Erich Stökl bei der Abschiedspredigt 1903 mit den Worten „Wünsch' Ihna alls Guate, Herr Pfarrer, denn an Pfarrer mit so an Mäul (Mundwerk) kriagn ma nimma" verabschiedet hat , ist nicht bekannt. Auch der Name des Holzknechtes ist nicht überliefert. D. Erich Stökl war ein berühmter Kanzelredner, er stand sechstausendmal auf der Kanzel. War es die schriftstellerische Ader, die er von seiner Mutter, der Jugendschriftstellerin und Erzieherin Helene Boekel geerbt hat und/oder eine musikalische Begabung von seinem Vater Rudolf Stökl, der Musiker war, die zu diesem nicht immer ungefährlichen Talent führte?

Die Gründung und Genehmigung der Evang. Pfarrgemeinde A.u. H.B. war nicht ohne Hindernisse abgelaufen: Nach dem ersten Antrag von 1923 gab es Verzögerungen um die Frage, ob denn bei der kleinen Anzahl von Reformierten (H.B.) dieser Status berechtigt wäre. Zu dieser Zeit war aber Rene Jaquemar, ein Reformierter, ständiger Vikar in St. Aegyd! Und schon jahrzehntelang gab es diakonische Einrichtungen auf landskirchlicher und Vereinsebene, die bewusst lutherisch-reformiert waren. Der Evang. Waisen-Versorgungs- und Unterstützungsverein, im 19. Jahrhundert unter einem Vorstand, dem auch Ludwig (sen) Wittgenstein, der ältere Bruder von Karl Wittgenstein, angehörte, war eine solche Einrichtung: Die Vorstandsmitglieder haben auch, ohne ein Aufheben darüber zu machen, die Verluste bei den Jahresrechnungen aus eigenen Mitteln ausgeglichen.

Als die 1927 bewilligte selbständige Gemeinde, – sie musste damit auch für das Auskommen, bzw. Gehalt des Pfarrers sorgen, für den es damals nur die kleine Wohnung im Anbau an die Kirche und laufend Probleme bei der Wasserversorgung gab, bald auch in selbstverschuldete Finanzprobleme geriet, erwog sie 1933 die Rückgliederung an St. Pölten. Der zuständige Senior Fronius gab aber beim Oberkirchenrat eine geharnischte Stellungnahme dagegen ab, und der Oberkirchenrat bewilligte die Rückgliederung nicht. Erich Stökl hat diese, gerade aus heutiger Sicht richtige, Entscheidung mitgetragen. Die Entlastung von finanziellen Unsicherheiten der Pfarrer in kleinen Gemeinden durch die Schaffung einer gemeinsamen Verwaltung der Kirchenbeiträge und die einheitliche Gehaltszahlung an alle Pfarrer durch den Oberkirchenrat 1939/1940 waren Entscheidungen von sehr großer Tragweite. Oberkirchenrat Stökl hatte für diese Aufgabe besonders Kirchenrat Wetjen gewonnen.

1931 beriet die Synode über eine neue Kirchenverfassung. Erich Stökl konnte lange und detaillierte Erfahrungen über kirchliche Arbeit und kirchliche Verwaltungsarbeit einbringen:
Kontakt zum Pfarramt Wiener Neustadt seit der Konfirmation, Praxisjahre im Sudetenland, Pfarrstellen in Steyr, St. Pölten, Wien-Gumpendorf und

Wien-Innere Stadt. Bildung der Wiener Teilgemeinden aus der an die auf 100.000 Gemeindeglieder angewachsenen Wiener Gesamtgemeinde, Wiener Senior. Die neue Kirchenverfassung wurde zwar 1931 nicht gültig, ist aber Grundlage für die bis heute gültige Kirchenverfassung von 1949. Als Schriftführer des österreichischen Gustav-Adolf-Hauptvereines und Mitglied des Leipziger Centralvorstandes der weltweiten Gustav-Adolf-Stiftung hat er sicherlich auch am Zustandekommen des Pfarrhausbaues 1936/37 in St. Aegyd mitgewirkt.

Mitglieder der Familie Stökl fühlen sich St. Aegyd und seiner Waldkirche auch noch heute verbunden und besuchten dort immer wieder Gottesdienste, als von den anderen Gottesdienstbesuchern kaum noch jemand über die generationenlangen Verbindungen wusste.

Für Familie Stroh war mit den Eindrücken von den 1914 in den Krieg fahrenden Soldatenzügen St. Aegyd noch lange nicht vorbei. Die Sommerfrische wurde bis 1916 fortgesetzt, und Vater Rudolf Stroh hatte für Lebensmittelnachschub zu sorgen, denn St. Aegyd ist kein reiches Bauernland.

KR. Dipl.-Ing. Ulrich Stroh (geb. 1927), Sohn von Richard und Enkel von Rudolf Stroh erinnert sich, dass die Familie mit ihm und seiner Schwester 1936 im Hause Bauer am Weissenbacheingang zur Sommerfrische war. Das Sägegatter mit dem Wasserradantrieb war noch in Betrieb. Zwei weitere Schwestern wohnten im Hause Podobnik. Frau Schabus, die aus dem Hause Podobnik stammte, war Hausgehilfin bei Ulrich Strohs Eltern in Wien. Auch damals gab es noch kein Fließwasser und WC, was die verwöhnten Stadtkinder zunächst erschreckte. Aber die erste große Bergtour auf den Gippel und der Silvesteraufenthalt 1936/37, bei dem mit Erich Bauer für Ulrich Schi und Rodel im vollen Einsatz waren, sind Lebenserinnerungen geworden. 1942 gab es noch eine Sommerwoche mit Ulrich und drei Schwestern bei Frau Kathi Krausner, die Haugehilfin bei Tante Luise Lindner (geb. Stroh) war. Herr Podobnik führt fünf Jugendliche auf den Gippel und auch über den vorher als zu gefährlich angesehenen Westgrat. Als Luftwaffenhelfer 1944 und in der Nachkriegszeit sogar mit Großvater Rudolf und Vater Richard kommt man wieder zu Frau Krausner. Die Firma Avenarius war nach dem Krieg zum deutschen Eigentum erklärt worden und stand unter USIA-Verwaltung, wodurch aber das Verhältnis zu Frau Krausner nicht gelitten hat.

Nach dem Staatsvertrag 1955 zieht es Familie Dorothea und Ulrich Stroh wieder nach St. Aegyd: 1958 zu einer Nach-Hochzeitsreise, 1962 bis 1967 viermal mit drei Kindern, bei Krausner (Badweg 3) und beim Eder (heutige Herzerl-Mitzi). Vornehmer ging es später bei Kurzurlauben im Gasthof Perthold und im Gasthof Hollerer/Blumentritt (1988/89) zu. Schließlich mietete die Firma Avenarius, bei der Ulrich Stroh geschäftsführender Gesellschafter war, 1976 bis 1986 das Ausgedingehäuschen vom Ahornhof (Gstöttner) in Kernhof: Verbunden mit einer kleinen Jagdpacht konnten dort Wildverbissmittel praktisch erprobt und Kunden vorgeführt werden. Wenn immer Gelegenheit war, besuchte Familie Dorothea und Ulrich Stroh den Gottesdienst in St. Aegyd. Für Familie Stroh erscheint bis heute St. Aegyd zu Erholungszwecken sehr geeignet, wozu Landschaft, Natur und freundliche Menschen das Ihre beitragen.

Entdecken Sie das ländliche idyllische St. Aegyd am Neuwalde
im oberen Traisental!
Eingebettet in die waldreichste Region Österreichs liegt St.Aegyd a.N., umgeben von den Felsbergen Gippel (1669 m) und Göller (1766 m). Saftige Wiesen und Wälder verleiten zu ausgedehnten Spaziergängen und erlebnisreichen Bergwanderungen, ca. 50 km markierte Wanderwege, Wanderkarte, zwei Schutzhütten (Göllerhütte, Zdarskyhütte), Almhütten (Hofalm, Gippel). Tipps und Beschreibungen im Bezirkswanderatlas.

Industrielle als Förderer des Kirchbaues und der Evangelischen Gemeinde St. Aegyd

Grundlagen der Entwicklung einer Industrie im oberen Traisental –
Die Familien Wittgenstein, Lenz und v. Neuman

Hintergrund:
Entwicklung der Industrie im oberen Traisental bis zum 20. Jahrhundert

Die natürlichen Grundlagen für die Entwicklung der Industrie im oberen Traisental sind, wie in fast allen Industrieregionen, Menschen, Rohstoffe, Energie und Transportwege. Die Reihenfolge dieser Grundlagen wechselt branchen- und zeitbezogen. Den sozialen und wirtschaftlichen Gegebenheiten kommt besondere Bedeutung zu. So war es und so ist es auch bis heute hier, im Übergangsbereich zwischen Kalkalpen und Wienerwald, zwischen niederösterreichischem Industrieviertel und Mostviertel. Zu diesen natürlichen Grundlagen kamen marktabhängige und politische Einflüsse: So führte der für Österreich endgültige Verlust Oberschlesiens im 18. Jahrhundert zu einer Gründungswelle von Manufakturen und Industrien im Lande unter der Enns, besonders im Viertel unter dem Wienerwald.

Menschen

In vielen früh industrialisierten Gebieten war ein Bevölkerungsüberschuss aus der Land- und Forstwirtschaft vorhanden. Auch wenn Industriearbeit zunächst noch kein über das ganze Jahr gesichertes Einkommen brachte, war dieses Einkommen aus „Teilzeitarbeit" eine wichtige Komponente. Teils landwirtschaftliche, teils industrielle Erwerbstätigkeit ist aber auch konfliktträchtig, weil z.B. zum Zeitpunkt der Heuernte landwirtschaftliche Interessen mit denen regelmäßiger Fabrikstätigkeit im Widerspruch stehen. Der Rhythmus der Landwirtschaft von Sonnenaufgang bis Sonnenuntergang, von Schönwetter und Schlechtwetter, von Sommer und Winter, ist anders als der der typischer Schichtarbeit, bei der verlässliche Arbeitsgruppen pünktlich einander abwechseln müssen. Vereinbar werden diese unterschiedlichen Arbeitsrythmen erst, wenn Landwirtschaft zu einem echten Nebenerwerb wird, d.h. nicht mehr Existenzgrundlage sondern nur mehr Zusatzverdienst wird. Außer dem ortsansässigen Arbeitskräftepotenzial aus der Landwirtschaft gab es auch das aus der Forstwirtschaft. Holzschlägerung und Holzbringung waren bis nach dem Ende des 2.Weltkrieges sehr arbeitsintensiv. Die Kinder großer Familien galten lange als erwünschte Arbeitskräfte für den eigenen Hof oder die eigene „Pass". Später kamen nach und nach vor allem frühere Holzarbeiter und Bauernkinder sowie ihre Nachkommen in die Industrie und das Gewerbe oder zogen weg. So ist es auch den Köhlern in der 2. Hälfte des 19. Jahrhunderts ergangen.

Das obere Traisental mit seinen Seitentälern bildet den Bezirk Lilienfeld, dieses ist der waldreichste Bezirk Österreichs. Seit Jahrhunderten gibt es, manchmal auch durch Klimaveränderungen bedingt, zahlreiche landwirtschaftliche Grenzertragswirtschaften, und daher ein Potenzial an menschlicher Arbeitskraft. Ab der Mitte des 18. Jahrhunderts kamen die Nachkommen der eingewanderten Holzknechte zusätzlich zu diesem Potenzial.

Zinkwalzer zu ihrem Werkstück: „Mit einem Packel musst du reden!"
ca. 1963
+S. Griessler

Zunächst kamen diese Arbeitskräfte als Hilfskräfte in dasproduzierende Gewerbe (z.B. Schmieden) oder in die Industrie, wo sie ihre Fähigkeiten weiter entwickelten und zu Fachkräften wurden. Oft lernten sie auch von zugewanderten Spezialkräften und entwickelten nach und nach auch sich selbst zu Spezialisten mit hohem technischen Können. Wie der Schmied mit seinem rohen Schmiedestück und der Holzknecht mit seinem Holzblock umgehen können muss, so lernten die Zinkwalzer in Marktl mit ihrem Material, dem Vorblechpaket, dem „Packel", zu „reden". Und das gilt in gleicher Weise für alle: z.B. die früheren Sensenschmiede, die Drahtzieher, die Werkzeugmacher, die Gießer und Former, die Betriebschlosser, die Betriebselektriker. Jeder Techniker muss sich in sein Produkt hineinleben, sein abstraktes Wissen mit seiner Beobachtung zu rascher Problemlösung nützen.

Bei industriellem Wachstum, zum Beispiel bei Neugründungen und in Konjunkturzeiten werden zunächst zusätzliche Arbeitskräfte nötig, es kommt auch zu Zuwanderungen. Konjunkturabschwächungen und Insolvenzen haben oft Arbeitslosigkeit und Abwanderung zur Folge. Schon in der Frühindustrialisierung schwankte die Anzahl der Beschäftigten periodenweise sehr stark, z.B. bei der Waffenproduktion.

Rohstoffe und Energie

Die Eisenverarbeitung konnte ihre Erze und ihr Eisen von den Vorkommen am Niederalpl, bei Gußwerk und vom steirischen Erzberg und von den dort betriebenen Reduktionsanlagen (z.B. Hochöfen) erhalten. Das Holz der Wälder war als Holzkohle metallurgisches Reduktionsmittel und als Brennstoff Träger von Wärmeenergie. Vorübergehend hatte auch der Kohleabbau von Schrambach seinen Beitrag geleistet. Sägewerke und Holzverarbeitung konnten ihren Rohstoff aus den umliegenden Wäldern beziehen. Lokale Mineralvorkommen wie Salz (Salzerbad-Kleinzell), Blei- und Silbererz (Annaberg), Gips und Marmor hatten nur vorübergehend industrielle Bedeutung. Auch die Zementwerke von Lilienfeld/Stangental und Traisen/Scheibmühl wurden nach kurzer Blüte 1928 und 1914 wieder stillgelegt.

Die Wasserführung der Traisen ist durch maximale Niederschläge im Juni und Juli sowie durch das Schmelzwasser von den Höhenlagen über 1000 m bis in den Mai hinein relativ gleichmäßig. Verbunden mit einem Gefälle von fünf bis 14 Promille zwischen St. Aegyd und Traisen und Hainfeld und Traisen ist die Nutzung der Wasserkraft seit Jahrhunderten verbreitet. Zunächst waren es Wasserräder, dann Turbinen. Auch zu Beginn des 21. Jahrhunderts ist es sinnvoll, bestehende Kleinwasserkraftanlagen zu modernisieren, wobei Energiegewinnung, Landschaftsschutz und Hochwasserschutz zusammenwirken.

Transportwege

Transportwege bestehen im Traisental schon lange: Eine Römerstraße verband die Obersteiermark über das Quellgebiet der Unrechttraisen mit St. Pölten. Dieser Straße diente auch bis ins 19. Jahrhundert als Transportweg für Eisenerze und rohes Eisen. Nach und nach wurde dieser Rohstoff mit dem quasi am Weg liegendem Holz aus den Wäldern und der Energie der Wasserräder weiter verarbeitet.

Die Erschließung durch die Bahn erfolgte für Traisen-Hainfeld und Traisen-Lilienfeld-Schrambach 1877, für Schrambach-Freiland-Furthof-St. Aegyd erst 1893. Damit waren die Voraussetzungen für die Entstehung einer klassischen Eisen- und Stahlindustrie, aber auch für jede Industrie, die von Massengütertransporten abhängig ist, eher ungünstig. Die Entstehung von Industrie mit hohem Arbeitsaufwand und höherer Wertschöpfung war die Folge dieser Strukturgegebenheiten.

Frühindustrialisierung

Die Industrialisierung setzte im Traisental in der frühindustriellen Epoche ein: Nikolaus Oesterlein erwarb 1775 den Gstettenhammer in Marktl bei Lilienfeld, um seine Militärgewehrerzeugung in Wien zu vergrößern. 1785 erhielt die Produktionsstätte den Namen „privilegierte Feuergewehrfabrik Lilienfeld". Andere Waffenhersteller, wie Fruhwirt (Gewehre) und Jakob Fischer (Säbelklingen, St. Aegyd 1797) gründeten ebenfalls Produktionsstätten in diesem Gebiet. Kriegsbedingt kaufte die Armeeverwaltung zwischen 1805 und 1807 jährlich 100.000 Militärgewehre M 1798, von denen 30 Prozent aus dem Bereich Traisental stammten. Es war bereits eine industrieartige, arbeitsteilige Produktion: *„Die Fabrication der Gewehrbestandtheile* (in der „Fabrique" des Nikolaus Oesterlein in Marktl bei Lilienfeld, die 1797 samt Wohnungen, Werkstätten, Hämmern und Wasserleitung von Grund auf neu errichtet worden war) *ist in sehr viele Zweige abgetheilt: der eine verfertigt nichts als Hähne, der zweyte Griffe, der dritte Ringe, der vierte Kugelzieher, der sechste Ladestöcke, der siebente Schwanzschrauben usw. ... Jeder Arbeiter wird nach dem Stück bezahlt; er hat seine Werkstatt, sein Wohngebäude und seine Küche unter einem Dache. Ihre kleinen Häuschen reihen sich nach dem Stuffengange der Fabrication, gleich den Zellen des arbeitsamen Bienenvolkes aneinander."* (Nach einem Reisebericht, erschienen 1808 in den Vaterländischen Blättern.)

Schlossteil des Österreichischen Armeegewehres M1798, Hersteller Oesterlein

Für die Waffenhersteller wurde die Zeit nach den napoleonischen Kriegen und dem Wiener Kongress (1815) schwierig: sie mussten – wie wir heute sagen – diversifizieren. Oesterlein nahm in Marktl die Produktion von Wagenachsen auf, Fischers Säbelschmiede in St. Aegyd nahm die Produktion von Drähten, Feilen und Schwarzblech auf. So entstanden bis 1850 folgende Produktionen:

- Drahtzug St. Aegyd 1815/16, 1840 Stabwalzwerk, Drahtzüge, Drahtstifte, 1845 Drahtseile
- Tiegelgussstahlwerk Martin Miller St. Aegyd 1825: u.a. Stahl für die Ziehmatritzen des Drahtzuges
- Schwarzblechwalzwerke 1819 in St. Aegyd, 1832 in Marktl, dann auch Furthof (Hohenberg).
- Qualitätsgussstahlfeilen (ab ca 1826) aus Furthof/Hohenberg erringen 1839 auf der Wiener Gewerbeausstellung eine Goldmedaille.
- Weicheisengießerei Traisen (später Stahl- und Temperguss) ab 1833
- Puddelhütte und Schweißeisenwerk Oesterlein in Marktl ab 1840, dann Stabeisenwalzwerk
- Sensenschmieden: ab 1840 Auwerk Hainfeld, 1846 Steinbichler Türnitz, 1855 Zeillinger Türnitz (hervorgegangen aus der früher bestehenden Sensenschmiede in Ramsau).

1836 haben die Werke in St. Aegyd und Furthof 800 Mitarbeiter, nach den napoleonischen Kriegen war die Mitarbeiterzahl auf 73 abgesunken. Dieser Blütezeit folgten nach und nach eher düstere Wolken: Die Eisen- und Stahlerzeugung auf der Basis von Holzkohle konnte mit der auf der Basis von Koks nicht mehr konkurrieren, dies – und die dort noch vorhandene Zunftstruktur – führte zum Niedergang der Kleineisenbetriebe der Eisenwurzen. Die Hoffnungen auf die Ergiebigkeit des Schrambacher Kohlevorkommens, das qualitätsmäßig eine ausgezeichnete Basis für Schmiedezwecke war, erfüllten sich nicht.

Entwicklungen in der 2. Hälfte des 19. Jahrhunderts

Die Dynamik der wirtschaftlichen Entwicklung nahm in der zweiten Hälfte des 19. Jahrhunderts gewaltig zu. 1837 war der erste Bahnstreckenabschnitt in Österreich eröffnet worden, 1848 gab es die Bahnlinien Wien – Hohenau (Prag), Wien – Marchegg (Pressburg), Wien – Hegeyshalom und Ödenburg, Wien – Gloggnitz und Mürzzuschlag – Graz – Marburg – (Cilli), sowie Gmunden – Linz – Budweis. 1898 war das heute in Österreich existierende Streckennetz weitgehend fertig gestellt: es fehlten die Scheitelstrecken der Tauernbahn, der Aspangbahn, Klaus – Selzthal und Klagenfurt/Villach – Rosenbach sowie einige Schmalspurbahnen. Die Lokomotivfabriken in Wiener Neustadt und Floridsdorf hatten 1897 ihre 4.000ste Lokomotive gefertigt.

Durch Verbesserung der Produktionsvorgänge (z.B. längeres Vormaterial, Mehrfachziehmaschinen in St. Aegyd, Feilenhaumaschinen in Furthof, Qualitätskontrolle für Eingangsmaterial und Fertigprodukt („Probierstuben" der St. Egydier ab 1899), Ersatz der hölzernen, sehr instandhaltungsaufwändigen Wasserräder durch Turbinen) stieg die Produktion je Arbeitskraft („Produktivität"), die Produkte wurden billiger und besser. Auch bei den Sägewerken und der Holzverarbeitung gab es diese Entwicklung: Die erste, ab 1888 im Hallbachtal bei Kleinzell arbeitende Vollgattersäge hatte eine ca. zehnmal höhere Produktivität als die vorher verwendeten Venezianergatter: dort brauchte man für einen einzigen 5m-langen Längsschnitt nämlich ungefähr 15 Minuten! Die Schwarzblechwalzwerke des Traisentales hatten zwar vor zwei Generationen die Blechherstellung durch Schmieden abgelöst, mit den transportbegünstigten Wettbewerbern, die statt der kleinen Wasserkraftanlagen kohlebefeuerte Dampfmaschinen einsetzten, konnten sie nicht mehr mithalten. Der Nachfolger der Firma Oesterlein, die Firma Fried. v. Neuman, stellte ihr Schwarzblechwalzwerk ab 1902 auf ein Zinkblechwalzwerk um: dadurch konnte – von den billigeren vorhergehenden Arbeitsgängen abgesehen – alleine bei der letzten Arbeitstufe durch die Herstellung breiterer Bleche die Produktivität um 30 bis 50 Prozent erhöht werden.

Innovationsschübe, z.B. der Einsatz leistungsfähigerer Feilenhaumaschinen, führten natürlich auch zu Lohnkämpfen und auch Streiks, so 1899 in Furthof, als wegen der neuen Maschinen der Stücklohn um 25 bis 55 Prozent herabgesetzt werden sollte. Diese stürmische Entwicklung überforderte etliche der damaligen Unternehmen. Die richtige Abschätzung einer zukünftigen Entwicklung ist für jedes Unternehmen auch heute eine Herausforderung, die neben profunden Kenntnissen über technologische und wirtschaftliche Entwicklung sehr viel Intuition braucht. Und: eine Entscheidung, die heute gefällt wird, mag morgen durch eine geänderte Marktentwicklung überholt sein.

Die um die Wende vom 19. ins 20. Jahrhundert erfolgreichsten Unternehmer im oberen Traisental waren Karl Wittgenstein, die Brüder Lenz und die Brüder Neuman. Sie alle waren Glieder evangelischer Gemeinden!

Karl Wittgenstein hatte 1887 die Mehrheit in der St. Egydier Aktiengesellschaft erworben und dieses Unternehmen bis 1899 erfolgreich umstrukturiert. Für Drähte und Drahtseile wurde nun ausschließlich Siemens-Martin-Stahl eingesetzt, für die Feilen und Ziehwerkzeuge Tiegel-Gußstahl der Wittgenstein'schen Poldi-Hütte in Kladno. Die Brüder Lenz hatten die Nachfolge der Familien Schudel/G.Fischer 1894 in Traisen angetreten und die Fittingsproduktion 1898 eingeführt. Der Belegschaftsstand stieg zwischen 1894 und 1914 von 200 auf 1.200 Mitarbeiter. 1880 hatte die Familie v. Neuman die zahlungsunfähig gewordene Firma Oesterlein übernommen und führte zwischen 1898 und 1912 erfolgreich die Umstellung in das 20. Jahrhundert durch.

Rückblick, 100 Jahre später

Die technologische Entwicklung und die wirtschaftliche Dynamik hielt im 20. Jahrhundert mit weiterhin steigendem Tempo an: Hatten die Holzkohlehochöfen der St.Egydier am Niederalpl und bei Gusswerk 1852 eine Tagesproduktion von vier bis sieben Tonnen Roheisen, so war die Tagesproduktion neuer Hochöfen bis 1940 auf ungefähr 1000 Tonnen gestiegen, bis zum Ende des 20. Jahrhunderts auf 8000 Tonnen. 1907 wurde der Höhepunkt der Feilenproduktion in Furthof erreicht, 3 Millionen Feilen mit einem Gesamt-Gewicht von ca 1000 t wurden von 591 Beschäftigten produziert. Trotz des Umsatzanstieges auf 177 Millionen Schilling im Geschäftsjahr 1966/67 für die Aegyder Sparten Feilen, Drahtseile und nahtlose Präzisrohre mussten Feilen- und Rohrerzeugung eingestellt werden.

Die Aluminium-Verarbeitung bei der Firma Neuman wurde 1946 begonnen und hat in den Jahrzehnten 1960 bis 1980 das damalige, weltweite Wachstum der Aluminium-Industrie von sieben Prozent pro Jahr einhalten können. Der Umsatz betrug 1977 280 Millionen Schilling oder 620.000 S/Beschäftigten. 1981 ist die Firma von der Familie Neuman auf Dr. Cornelius Grupp übergegangen. Seit dieser Übernahme ist der Umsatz bis 2002 auf das Neunfache gestiegen, der Umsatz je Beschäftigten betrug 3,8 Mio S (276.000 Euro), die Beschäftigtenzahl stieg um ca. 50 Prozent.

Zur Abrundung des Bildes dieses Teiles der Traisentaler Industriegeschichte sei noch erwähnt, dass von den um 1900 tätigen Betrieben und Standorten der Metallbranche im Jahre 2000 nur mehr weniger als die Hälfte vorhanden waren; den Sägewerken und der Holzverarbeitung erging es nicht besser. Von den Branchen-Außenseitern, wie der Teigwarenfabrik in Türnitz und dem einzigen Textilbetrieb, der Börtelfabrik in Ramsau und Hainfeld, weiß man schon seit drei Generationen nichts mehr. Vergleicht man diese Fakten mit den Untersuchungen von H. Matis über die industriellen Anfänge im Viertel unter dem Wienerwald, wobei 178 Betriebe unterschiedlichster Sparten untersucht wurden, ist das obere Traisental durch langlebige Betriebe gekennzeichnet.

Von den Familien Wittgenstein, Lenz und Neuman

Karl Wittgenstein (*1847, +1913) und seine Familie

Wer war Karl Wittgenstein, der für den Bau der Evangelischen Waldkirche in St. Aegyd zumindest 10.715 K, – das war mehr als 50 Prozent des Finanzaufwandes –, dazu das Grundstück und die Architektenleistung beistellte? Sicher ist, dass Karl Wittgenstein eine „Jahrhundertbegabung" war. Er griff die bis dahin ungeahnte wirtschaftliche Dynamik auf, er erkannte zukunftsfähige technische und wirtschaftliche Entwicklungen. Heute würden wir sagen, er war auch ein genialer „Sanierer", denn auch damals sicherte allgemeines Wirtschaftswachstum noch lange nicht die Zukunft von Branchen und Regionen ab.

Karl Wittgenstein stammte zusammen mit zwei Brüdern und sieben Schwestern aus einem Kaufmanns- und Bankhaus. Die Brüder Ludwig und

142

Karl Wittgenstein
Neue Österreichische Biographien, Wien 1927

Paul waren auch später als Finanz- und Industriekaufleute tätig. Ludwig W. (*1845, +1925), verheiratet mit einer Pfarrerstochter, war viele Jahre Obmann des evangelischen Waisenversorgungs- und Unterstützungsvereines, der stolz darauf war, dass in ihm „lutherische" und „reformierte" Protestanten solidarisch tätig waren. Den Finanzbedarf des Vereines hat er bis zur nötigen Höhe aus eigenen Mitteln ergänzt. Auch in St. Pölten war bis 1914 ein solches Waisenhaus.

Für den Raum St. Aegyd ist vor allem wichtig, dass Karl Wittgenstein von 1887 bis 1899 Haupteigentümer und Präsident der „St. Egydier und Kindberger Eisen- und Stahl-Gesellschaft" war. Zwischen 1880 und 1910 dürfte er die einflussreichste und mächtigste Persönlichkeit der böhmisch-mährisch-österreichischen Eisen- und Stahlindustrie gewesen sein, seine Bedeutung wird mit der des Hauses Krupp vor 1914 verglichen. Sein Name ist sehr stark mit der Entwicklung des Hüttenwerkes Wittkowitz verbunden, das um die Jahrhundertwende *der* Großbetrieb der österreichischen Schwerindustrie schlechthin war. Nach seinem Tode 1913 stiftete seine Witwe Leopoldine 600.000 K für den Ausbau des Allgemeinen Krankenhauses (Universitätsklinik) in Wien, aber schon Karl W. selbst hatte vorher dem Lilienfelder Krankenhaus für die Einrichtung einer Röntgenstation 5.000 K gegeben. Seine damals noch lebenden sechs Kinder, darunter der berühmte Sohn Ludwig, der Philosoph, sein Sohn Paul, der Pianist, der im 1.Weltkrieg den rechten Arm verlor, seine Tochter Margarete (bekannt aus dem Klimtschen Portrait, verheiratete Stonborough, Vorbesitzerin und Ausgestalterin des Schlosses Toscana am Traunsee) machten sagenhafte Erbschaften.

Karl Wittgenstein kaufte 1894, ein Jahr nach der Eröffnung der Bahnlinie nach St. Aegyd, das Gut Hochreith im Bereich Hohenberg – Rohr i. Geb.

(Das Gut ist von der Bahnhaltestelle „Amt Mitterbach" bei St. Aegyd erreichbar). Sein Bruder Paul kaufte 1899, wohl in Zusammenhang mit seiner Funktion im Aufsichtsrat der St. Egydier, die ab 1899 mehrheitlich Böhler gehörte, das Gut „Bergerhöhe" (erreichbar von der Bahnhaltestelle „In der Bruck"), Gemeinde Hohenberg.

Karl Wittgenstein war aber nicht nur wegen seiner Tätigkeit in der Schwerindustrie bedeutend: Geburtsjahr 1847, Vater Christian war 1838 vom Judentum zum Protestantismus konvertiert. Karl W. verließ kurz vor der Matura 1864 die Schule. Er riss mit einem falschen Pass und seiner Geige, auf der er sehr gut spielen konnte, nach Amerika aus und blieb dort zwei Jahre lang als Barmusiker, Musiklehrer, Sprachlehrer und Barkellner (weil er sich ganz genau einprägen konnte, wer noch nicht bezahlt hat). Zurück in Europa, studierte er an der Wiener Technik, schloss aber sein Studium nicht ab. Als Industriemanager setzte er wesentliche technische Neuerungen durch, wurde berühmt und reich.

Nach kurzen Tätigkeiten als Techniker in verschiedenen Unternehmen wurde er 1876 in den Verwaltungsrat der Teplitzer Walzwerke berufen. 1877 wurde er deren Direktor. Das Teplitzer Walzwerk nahm einen raschen Aufstieg, weil es durch einen von K. Wittgenstein sehr geschickt an Land gezogenen Auftrag für Schienen nach Russland über Jahre bis an die Grenze seiner Kapazität ausgelastet war. Als 1879 die Erfindung des Thomas-Stahlverfahrens die Verarbeitung reichlich vorhandener und billiger Erze zu Qualitätsstahl ermöglichte, erwarb Wittgenstein 1880 die Lizenz gegen den Wettbewerber Böhmische Montangesellschaft und kurz darauf mit sehr wenig Eigenkapital die Aktienmehrheit in dieser Gesellschaft. Anschließend erwarb er das Hauptaktienpaket der Prager Eisenindustriegesellschaft, die zu viel Geld und Zeit in Versuche zur Nutzung ungeeigneter Kokskohle aufgewendet hatte. Statt dessen kaufte er zunächst Koks zu, um später Kohlenbergbaue mit geeigneter Kohle zu erwerben. Das Teplitzer Walzwerk wurde mit einem neuen Feinblechwalzwerk ausgestattet. Ein ganz wichtiges Absatzgebiet für diese Bleche war das Emaillegeschirr. 1895 wurde in Teplitz sogar die erste kontinuierliche Breitbandstraße für Feinbleche eingerichtet, die allerdings dem Stand der Technik (Antriebe) zu weit vorausgeeilt war. Um den Absatz für sein neues Tiegelgußstahlwerk „Poldihütte" in Kladno zu sichern, erwarb er 1887 Aktien der Egydier Eisen- und Stahl-Industriegesellschaft. Für Kladno wurden auch Einrichtungen des stillgelegten Schwarzblechwalzwerkes in

Furthof (Hohenberg) verwendet. Für die Egydier wurde damit eine gezielte Umstrukturierung zu veredelten Produkten (z.B. starke Ausweitung der Feilenherstellung mit 300 Arbeitern) umgesetzt. So konnten die Standortnachteile des inneren Traisentales (die Bahnlinie Schrambach–Kernhof wurde ja erst 1893 eröffnet) abgefangen werden. Die Kosten für die Stahlgewinnung und Verarbeitung auf der früheren „Kohle"-Basis, nämlich Holzkohle für die Erzreduktion und als Energiequelle, waren schon in der 1. Hälfte des 19. Jahrhunderts längerfristig chancenlos gegenüber Koks–Steinkohle. Dies hatte den Niedergang der niederösterreichischen Eisenwurzen wesentlich beeinflusst. 1896/97 erwarb Wittgenstein noch ein großes Aktienpaket der Alpine Montangesellschaft (später Österreichische Alpine Montangesellschaft), für die damit ebenfalls ein neuer und erfolgsträchtiger Wind blies.

In der Familie galt er als strenger, asketischer Protestant, der auch an die Leistungen seiner Kinder zunächst sehr hohe Anforderungen stellte.

Als sich eine Gruppe von Künstlern vom schwülstigen Neobarock und dem Historismus der Ringstraßenbauten und deren besonderem Exponenten Makart löste, förderte er diesen Aufbruch in die neue Zeit. Im Hause dieser Gruppe, der Secession in Wien, gibt es die Gedenktafel an einen „Gönner": dieser ist Karl Wittgenstein. Sein Anwesen Hochreith wurde zu einem Treffpunkt von Kunst und Kultur, besonders von Studenten und jungen Künstlern, die dort unbeschwerte Wochenenden verbrachten. Die Familie Wittgenstein war mit der Kultur ihrer Zeit sehr stark verbunden: Eine von Karls Schwestern hatte Klavierunterricht bei Johannes Brahms, seine Frau Leopoldine war in ihrer Jugend mit Grillparzer befreundet.

Otto Wagner, Kolo Moser, Gustav Klimt, J.M. Olbrich, Max Reinhard, Gustav Mahler, Hans Pfitzner, gehörten zum Künstlerkreis um Wittgenstein. Für den Pianisten Paul Wittgenstein schrieben später M. Ravel, R. Strauß und S. Prokofjew Klavierkompositionen, die dieser mit der ihm nach dem 1. Weltkrieg verbliebenen einen Hand spielen konnte. Schon in der frühen Jugend kamen die „Wittgensteinkinder" mit den aufregenden Strömungen ihrer Zeit in Berührung, und es mag sie auch überfordert haben: Erkenntnisse, wie die des Jugendstiles, dass Nachahmung *Verheerung* der Kunst sei, die Grundlage der Kunst nur Wahrheit sein könne. Ehrlichkeit von Material und Form, dass die Form der Funktion zu folgen habe, nun das ist die Quelle für viele Gedanken, die in damaligen Schulen nicht zulässig waren, weder für den gescheiterten Gymnasiasten Karl Wittgenstein noch für Ulrich in Robert Musils Mann ohne Eigenschaften.

Die kulturelle Welt um die Jahrhundertwende war sich der Problematik der Zeit voll bewusst, und nur zu oft mündete dies in einen fast ausweglosen Kulturpessimismus. Selbstmorde wie die von Kronprinz Rudolf, Ferdinand Raimund, Adalbert Stifter, Ludwig Boltzmann und Otto Weininger (mit seiner Urangst vor den Frauen) sind Schlaglichter genug. Der junge Ludwig meint, seine Schwester Margarete habe ihm den Glauben genommen, ihm, der während der Pflichtschulzeit nur zu Hause unterrichtet wird. Wenige Tage nach Adolf Hitler geboren, besuchte er die Oberstufe an der Staatsoberrealschule in Linz. (Adolf Hitler hat dieselbe Schule in Linz besucht, aber die Oberstufe nicht erreicht). Nach dem Selbstmord zweier Wittgenstein-Söhne (1902 und 1904) bemüht sich nun Karl W. besonders um seinen Sohn Wickerl (Ludwig).

Wegen seiner Industriepolitik wurde Karl Wittgenstein nicht immer geschätzt, z.B. von Karl Kraus heftig angegriffen: *Seine Schaffung von Industrien im slawischen Sprachraum sei verheerender für das Deutschtum in Österreich als die Badenische Sprachenpolitik. Dagegen seien seine Spenden von 1000 K für den deutschen Schulverein Alibihandlungen.* Natürlich brauchte die wachsende Industrie Arbeitskräfte, die waren wichtiger als die deutsche Sprache.

Karl Wittgenstein galt als „Millionenzauberer", war ein Großösterreicher besonderer Art, vielseitig begabt, erfolgreich, weltoffen, offen für die Kunst.

Seiner Zeit voraus, meinte er, dass dem multinationalen Staat und multinationalen Wirtschaftsraum die Zukunft gehört, ein Wissen, das mit der Schwerindustrie und seiner persönlichen Welterfahrung gewachsen war. Die Förderung von Kunst, deren Grundlage die Wahrheit von Material und Form ist, passt sehr gut dazu.

Bis heute lässt die Persönlichkeit Karl Wittgensteins viele Fragen offen, gehört es doch zu den Charakteristika des Umganges mit Finanzen, dass über angebahnte und gelungene Geschäfte nicht allzu viel an die Öffentlichkeit dringt. Vielen ist solche Geheimniskrämerei verdächtig, und großer wirtschaftlicher Erfolg ruft auch Neider hervor. Selbst Karls Sohn Ludwig, dem Philosophen, war die Herkunft des angehäuften Reichtums nicht geheuer.

Was aber veranlasste Karl Wittgenstein, so viel Geld für unsere Kirche zu spenden? Das wissen wir nicht, auch nicht die Nachkommen aus seiner Familie.

Der Name Wittgenstein, bzw. die noch existierende Wittgensteinsche Forstverwaltung Hohenberg, hat auch heute noch eine gute Nachrede bei den Holzknechten. Dass ihm die Ötscher-Rax-Holzknechte wegen ihrer Zähigkeit, ihrem technischen Geschick, ihrem beharrlichen Protestantismus imponierten, ist denkbar. Warum sollten sie nicht eine Kirche haben?

Hat er darum Josef Hoffmann beauftragt, ein Dach für ihren Glauben zu schaffen, ein Dach, das von einem funktionalen Gebälk zusammengehalten wird? War Wittgenstein, der so oft für das, was zukunftsträchtig war, eintrat, ein so frommer Mann, dass er mehr an unsere Zukunft als Kirche nach dem Evangelium glaubte, als wir es meist tun?

Die Brüder Lenz

1894 erwarben die Brüder von Lenz, die eine Messinggießerei in Wien betrieben, die „Fischersche Weicheisen- und Stahlgießerei GmbH" in Traisen. Da sie im Heeresgeschäft gut eingeführt waren, wurde in Traisen auch die Erzeugung von Zündern, Geschossen und Hülsen für Artilleriemunition aufgenommen. 1905 waren die Brüder Alfred, Guido, Edgar und Dr. Artur von Lenz in Traisen tätig. Im Jahre 1900 zahlten die Brüder Alfred und Edgar v. Lenz je 30 Kronen Kirchenbeiträge an die evangelische Pfarrgemeinde St. Pölten. 1905, nach dem großen Streik in Traisen, stellten sie für Evangelische Gottesdienste eine Werkshalle zur Verfügung.

Besonders Alfred v. Lenz war ein betont politischer Unternehmer. Unmittelbar nach dem Kauf des Werkes in Traisen ließ er sich zum Bürgermeister wählen, was durch das damalige Wahlrecht („Zensuswahlrecht") leicht möglich war, denn die Mandate wurden über Wahlkörper zugeteilt, je Wahlkörper aber waren sehr unterschiedliche Stimmenanzahlen für ein Mandat erforderlich. So waren z.B. in Hainfeld 1905 im ersten Wahlkörper 14 Stimmen für ein Mandat erforderlich, im vierten Wahlkörper aber 247. Alfred v. Lenz war von 1894 bis 1900 und von 1908 bis 1917 Bürgermeister von Traisen. Während seiner Amtszeit wurde er immer wieder in der Presse („Volkstribüne") angegriffen und ihm vorgeworfen, dass er seine Bürgermeistertätigkeit unbekümmert zum Nutzen seiner Fabrik einsetze, so z.B. 1914 durch die Verwendung von sieben Klassenzimmern der Volksschule als Wohnräume für Arbeiterinnen in seiner Munitionsfabrik. Als Sieger im großen Streik von 1905 wurde auf sein Betreiben, laut St. Pöltner Zeitung, eine Ortsgruppe der „Einigkeit", des christlichen Arbeiterbildungsvereines, in Traisen gegründet. Alfred v. Lenz war bei der Gründungsversammlung persönlich anwesend, und es traten gleich 100 Arbeiter dem Verein bei. Sozialdemokraten konnten um diese Zeit in Traisen bei Gemeinderatswahlen nicht kandidiern, sie konnten nur für die Wahl des freisinnigen Gutsbesitzers Höpfner zum Bürgermeister eintreten.

Da der Traisner Streik von 1905 vermutlich die Ortsidentität von Traisen auch noch drei Generationen später beeinflusst, soll er als Beispiel für Arbeitskämpfe in dieser Zeit etwas ausführlicher geschildert werden. Die Dreher der Fischerschen Weicheisengießerei in Traisen hielten am 16. April 1905 eine Versammlung ab, in der sie Vertrauensmänner wählten und beschlossen, Herrn Lenz um die Freigabe des 1. Mai zu ersuchen. Der Hauptvertrauensmann wurde allerdings bereits am Folgetag entlassen, es wurde auch angekündigt, dass weitere Entlassungen von Vertrauensleuten folgen würden und der 1. Mai nicht frei gegeben werde. Nach einigen Wochen hieß es, „wer organisiert ist, wird hinausgeworfen", und so wurde der Betriebsleitung am 27. Mai ein Schreiben übergeben, in dem unter anderem um Anerkennung der Vertrauensleute und der Organisation, eine 10-stündige Arbeitszeit, Mindesttagelöhne für Professionisten von 4 K, für männliche Hilfsarbeiter von 3,20 K und für weibliche Hilfsarbeiter von 1,60 K ersucht wurde. Das erwähnte Schreiben wurde von Alfred v. Lenz zurückgewiesen, und am 29. Mai traten zirka 400 Arbeiter und Arbeiterinnen in den Streik. Es war ein Teilstreik, gegen den 86 Tage seitens des Unternehmers mit großer Härte vorgegangen wurde. Ungarische und kroatische Arbeiter wurden als Streikbrecher eingesetzt, die von der Gendarmerie geschützt wurden, ihrerseits aber – geduldet von der Firmenleitung – tätliche Überfälle auf Streikende durchführten. Am 6. August fand als Solidaritätsaktion der freigewerkschaftlich organisierten Arbeiter des Traisen- und Gölsentales ein „Spaziergang" von 4.500 Demonstranten nach Traisen statt. 1.000 Mann des Infanterieregimentes 84 waren, ausgerüstet mit scharfer Munition, ausgerückt, um keine Ausschreitungen aufkommen zu lassen. Unter der Leitung des sozialdemokratischen Abgeordneten Schuhmeier und des Sekretärs des Verbandes der Metallarbeiter kam es zu keinen Ausschreitungen. Trotzdem war der Streik verloren und musste am 23. August abgebrochen werden: die Streikbrecher erhielten nunmehr Mindestlöhne, die Streikenden aber wurden nicht wieder eingestellt und mussten zum Großteil mit ihren Familien Traisen verlassen.

Zur Glaubwürdigkeit eines christlichen Unternehmertums im Gebiet der Evang. Pfarrgemeinde St. Aegyd hat die Familie Lenz nichts beigetragen: In Traisen betrug der Anteil kommunistischer Stimmen 1921 31 %, 1950/51 34 %, 1970 12 %, 1995 immerhin noch 6,1 %.

Familie Neuman

Friedrich v. Neuman (1821 bis 1880) betrieb eine Eisengroßhandlung in Wien und erwarb 1880 die Konkursmasse der Firma Oesterlein in Marktl, damals Lilienfelder Berg- und Hüttenwerke genannt. Oesterlein war an seinen Hauptabnehmer, eben die Firma Neuman in Wien, schwer verschuldet, und so war die Übernahme der Konkursmasse 1880 der einzige Weg, um nicht um alle Forderungen umzufallen.

Friedrichs Söhne Friedrich, Viktor und Emil v. Neuman betrieben die Firma „Fried. v. Neuman Marktl" als offene Handelsgesellschaft, das heißt, dass alle Entscheidungen einvernehmlich fallen mussten und dass jeder der Brüder mit seinem gesamten Besitz für die Firma haftete. (Diese Gesellschaftsform wurde bis 1979 beibehalten). Friedrich und Emil waren im Wiener Büro für den kaufmännisch-finanziellen Bereich zuständig, Viktor, der Absolvent der Technischen Hochschule in Wien war und bereits Auslandserfahrung (Belgien) hatte, übernahm den Fabriksbetrieb in Marktl.

Da die drei Inhaber anfangs zu wenig Betriebskapital und als Anfänger zu wenig Kredit hatten, musste in den ersten Jahren äußerst sparsam gewirtschaftet werden. Ab 1912, dem Todesjahr des ältesten der Brüder, wurde Marktl zum Zentrum der Firma, und die Gesellschafter wohnten beim Werk. Das bisherige Wohnen in Wien brachte es aber wohl auch mit sich, dass alle Kinder der drei Brüder (Viktor war kinderlos), nämlich Herbert, Fritz und Hertha Gymnasien bzw. das Lyzeum besuchten.

Die Familie war evangelisch, und Friedrich v. N. sen. war Presbyter in der Wiener lutherischen Gemeinde. Er legte auch Wert darauf, dass seine Söhne den Sonntagsgottesdienst besuchten. Allerdings berichtet die Familientradition, dass die älteren Brüder den jüngsten als Informanden und Berichterstatter in den Gottesdienst schickten, selbst aber im Café Billard spielten. Später förderten sie, bzw. ihre Nachkommen, die evangelische Gemeinschaft auf vielerlei Weise: z.B. Weihnachtsspenden für die Holzknechtkinder der evangelischen Privatschule Ulreichsberg, Gottesdienste im Werkskindergarten, Kirchenbau in Traisen nach dem 2. Weltkrieg. Im Jahre 1900 bezahlte Viktor v. Neuman 20 Kronen Kirchenbeitrag an die evangelische Pfarrgemeinde St. Pölten.

Schweißeisen- und Stabeisenwalzwerk der Firma Neuman mit Wasserrädern vor 1904
Bezirksheimatmuseum Lilienfeld

Dipl.-Ing. Viktor v. Neuman (1854 bis 1932) war ein imponierender Techniker und Werksleiter. Als die abgewirtschaftete Firma Oesterlein von der Familie Neuman übernommen wurde, war es eine Lebensaufgabe der drei

Brüder, die Umstellung für und in das 20. Jahrhundert zu meistern. Als Techniker erkannte Viktor v. N. die unbedingte Notwendigkeit des Aufbruchs aus dem Zeitalter der Wasserräder und der Holzkohle in das Zeitalter der Kohle und der Elektrizität. Er erkannte auch die Notwendigkeit der Umstellung auf neue Produkte und neue Technologien: So wurde das veraltete Schwarzblechwalzwerk 1902/04 durch ein zeitgemäßes Zinkblechwalzwerk ersetzt. Für die Erhaltung des Stabeisenwalzwerkes setzte er alle Tricks ein, einschließlich der Drohung, ein eigenes Stahlwerk zu errichten (dafür wurde eine eigene, weithin sichtbare Halle errichtet). In der Arbeiterschaft war er durch seine technisch-organisatorischen Leistungen, zahlreiche sehr direkte Aussprüche und spontane Handlungen noch lange nach seinem Tode als „Onkel Viktor" in hohem Ansehen und in lebendiger Erinnerung. Da er kinderlos war, setzte er seine Nichte Hertha, verh. Pollak, zur Erbin ein. Ihre beiden Söhne begannen Ausbildungen zu Technikern.

Hertha Pollak (1888 bis 1969) ist eine Vertreterin der „Trümmer-Generation" jener Frauen, die nach schweren Schicksalsschlägen im 2. Weltkrieg mit Entbehrungen, Zähigkeit und ganz großer persönlicher Bescheidenheit den Wiederaufbau und den Wohlstand am Ende des 20. Jahrhunderts ermöglicht haben. Als Erbin nach Viktor Neuman war sie eine Haupteigentümerin der Firma Fried. v. Neuman. Zwischen Herbst 1941 und Januar 1943 verlor sie ihre Kinder, den jüngeren Sohn im Krieg, und ihr älterer Sohn, Dipl.-Ing. Dkfm. Walther Pollak, war in Stalingrad vermisst. (Heute wissen wir, dass die Überlebenschancen nur drei Prozent waren.) Ihr geliebter Mann verstarb 1942 mit 62 Jahren. Ihre politische Unbescholtenheit (Nationalsozialistengesetze 1945) war für das Überleben der Firma Neuman sehr wichtig. Als ihr Sohn 1948 doch aus der russischen Kriegsgefangenschaft zurückkehren konnte, trat er in die Firma ein und konnte diese bis 1968 tiefgreifend umgestalten. Zuletzt wurde unter

Hertha Pollak, geb. v. Neuman, ca. 1968
F. Hochedlinger

seiner Firmenleitung die kontinuierliche Gießwalzanlage installiert, die auch 2003 ein technologisches Herzstück der Firma Neuman in Marktl ist.

Werksansicht Firma Neuman 1970 (Aluminium- und Zinkwalzwerk, Holzfaserplattenwerk; Fließpresswerk nicht sichtbar)

Zumindest bis 1924 traten Mitglieder der Familie Neuman nicht als „politische Unternehmer" auf. Emil v. Neuman war sogar mit Victor Adler, dem Begründer der österreichischen Sozialdemokratie bekannt und hat auch Sozialdemokraten beschäftigt. Viktor v. Neuman gehörte zwar im Rahmen des Zensus-Wahlrechtes dem Lilienfelder Gemeinderat zumindest ab 1882 bis 13.1.1919 an, doch hat er sich dort, wie aus den Gemeinderatsprotokollen hervorgeht, vor allem zur Verbesserung der Infrastruktur der Gemeinde und in der Armenkommission (aktenkundig ist sein Antrag vom 16.5.1882 auf monatliche Unterstützung des erblindeten Franz Renz) betätigt. In seine Amtszeit fielen Schulerweiterungen, der Beginn der Ortskanalisation 1894, die überaus sorgfältige technische und wirtschaftliche Planung, Vergabe und Inbetriebnahme der Ortswasserversorgung (1900 bis 1902), die Vorarbeiten und der Bau des Gemeindeverbands-Krankenhauses, die Errichtung des Amts- und Armenhauses der Gemeinde, die Errichtung eines Amtsgebäudes für Bezirkshauptmannschaft, Bezirksgericht und Finanzamt (von der Gemeinde errichtet, dann an die Ämter vermietet), an die Pflasterung von Straßen (für den unmittelbar an Werkswohnungen vorüberführenden Teil der Bezirksstraße – „Schlossergassel" – hat er den Gemeindebeitrag durch eine namhafte Spende ergänzt), Gebäude und Spielplatz für den Kindergarten wurden gegen einen Anerkennungszins zur Verfügung gestellt. Anträge zur Verbesserung der Bahnverbindung und für den Anschluss an das Telefonnetz (31.1.1892!) hat er auch gestellt. Am 5. Juni 1901 wurde ihm die Ehrenbürgerschaft verliehen, die Laudatio erfolgte allerdings erst am 6.12.1905.

In den Jahren der Wirtschaftskrise ab 1929 versuchte die Firma Neuman ihrer Belegschaft das Überleben dadurch zu ermöglichen, dass Perioden der Arbeitslosigkeit durch Wiedereinstellungen unterbrochen wurden. Damit wurde das Los des „Ausgesteuertseins", also der Unterstützungslosigkeit, verhindert. Nach dem altersbedingten Ausscheiden der Gesellschafter Viktor und Emil Neuman aus der Geschäftsführung wurde diese von Herbert Neuman übernommen, der ein unbedingter Nationalsozialist war, z.B. bei Anstellungsgesprächen nach der Einstellung zum Nationalsozialismus gefragt hat. Seine Firmenanteile waren nach 1945 die eines belasteten Nationalsozialisten. Er selbst hatte sich im Rahmen der von Adolf Hitler ausgegebenen Parole Ende April 1945 das Leben genommen.

Seit 1980/81 sind keine Mitglieder der Familie Neuman mehr Gesellschafter oder Mitarbeiter der Firma Neuman. Die Familiengesellschafter mussten den Ausgleich anmelden, die Firma ging in Besitz von Dr. Cornelius Grupp über, der diese ähnlich wie die Familie Neuman 100 Jahre vorher erfolgreich weitergeführt und erweitert hat. Dr. Grupp ist Katholik. Er setzt die Werkstradition erfolgreich fort, die sich notwendigen Änderungen nicht verschließt und damit Marktl zu einem seit 1780 ununterbrochenen Industriestandort werden ließ.

Werksansicht Firma Neuman vor dem Großbrand am 1. April 2003 (Butzenwerk, Strangpresswerk, Prefa-Werk, Fließpresswerk)

M. Trattner

Anmerkungen zur Evangelischen Waldkirche in St. Aegyd am Neuwald

Entwurf Josef Hoffmann

Volker Mathias Schlacht *

„Unsere Jugend träumt in Gärten … ihre ersten Träume. Sie sind wichtig wie Schulen und Kirchen. Ihr Unterricht ist sanft und unbewußt, jedes Gemüt berücksichtigend. Sie lehren uns alles, was der Seele not tut, um sich über den Alltag zu erheben."

Dieses Zitat Josef Hoffmanns stammt aus dem Manuskript zum seinem Vortrag „Meine Arbeit", gehalten am 22. Februar 1911.[1]
(Diese und die weiteren Quellennachweise sind im Gesamt-Literaturverzeichnis enthalten)

Es mögen verschiedene Beweggründe gewesen sein, die zum Bau der kleinen Kirche in St. Aegyd am Neuwald geführt haben. Zum einen der Auftrag Karl Wittgensteins, dem anonym bleiben wollenden Stifter der Kirche, zum anderen das Reifen der Idee, bisherigen Baustilen und -techniken eine Absage erteilen zu können, indem er dieses Projekt umsetzte. Hoffmann tat dies in gewisser Weise auch selbstlos, ohne großes Interesse an Honorarforderungen, wie ein Brief Paul Wittgensteins, – der wohl der Vermittler zwischen Karl Wittgenstein, der evangelischen Gemeinde und Josef Hoffmann gewesen ist-nach der Fertigstellung des Projektes belegt:

„… ich bin so froh, daß auf jenem Platz Ihr ebenso schöner als zweckmäßiger Bau entstanden ist. Diese Befriedigung: Ihre künstlerischen Ideen verwirklicht zu sehen, soll leider auch für Sie das Einzige sein, das Sie an dem Bau haben, denn wie ich höre, ist Ihre Honorarforderung so niedrig, daß sie kaum Ihre Auslagen decken kann."[2]

---

*Der Autor ist evangelischer Pfarrer und beschäftigt sich seit 15 Jahren mit dem Werk Josef Hoffmanns. Er will lediglich Erklärungsmodelle für Teilaspekte und die Gesamtkonzeption der Kirche anbieten und erhebt keinen Anspruch auf die Richtigkeit seiner Thesen. Er hat in einer für ihn persönlich schweren Zeit zahlreiche Gottesdienste in dieser Kirche gehalten und schreibt: „Ich habe mich bei den Gottesdiensten in dieser Kirche immer sehr wohl gefühlt. Und geborgen. Und ich meine auch, den Geist darin zu verspüren, den Gott in die Menschen, die sie so vollbrachten, hineingelegt hat."

Ansicht nach der Außenrenovierung 1999/2000

Wenn man sich der Kirche nähert, gliedert sie sich in ihre Umgebung denkbar gut ein, am Fuße des bewaldeten, bergigen Geländes, auf der kleinen Hügelzunge, auf der sie steht, von einer Stützmauer vorerst verdeckt, und dann, wenn man das Plateau erklommen, in ganzer Höhe vor einem, eingebettet wie in einen Garten.

Abgesehen von dem Faktum, dass diese Kirche der einzige Sakralbau Hoffmanns ist – denn die Kirche im Zubau der adaptierten Ärztevilla Victor Zuckerkandls beim Sanatorium Purkersdorf war als musealer Raum gedacht – könnte der Bau, aus der Ferne betrachtet, auch ein Landhaus sein, wie es einige Beispiele gibt, die im Auftrag von Privatpersonen durch Hoffmann adaptiert wurden. Lediglich das Portal und der kleine Glockenturm sind Hinweise darauf, dass es sich hiebei um eine Kirche handelt.

Woher kam nun die Inspiration, die Waldkirche genau in diesem Stil und nicht anders zu bauen? Die Erklärung, zu der sich H. Unterköfler 1986 noch durchgerungen hat, die Kirche sei „sichtlich in Anlehnung" an die Arts and Crafts-Bewegung konzipiert und bloß mit einer Art „Glockentürmchen" ausgestattet, stimmt nur sehr bedingt.[3] Zwar finden sich Anleihen für die Außengestaltung der Community Hall für Onchan von Hugh Baillie Scott, die in der Zeitschrift „Dekorative Kunst" V, 1900, S. 46, abgebildet war.[4] Gegen ein bloßes Nachahmen des schottischen Vorbildes aber sprechen einige Erkenntnisse.

Ja, es gab unterschiedliche Auffassungen Hoffmanns und Macintoshs, vor allem in der Frage der Ornamentierung und Flächenfüllung durch gestalterische Elemente, die bei aller gegenseitiger Achtung einen nicht so ohne weiteres überbrückbaren Stilunterschied belegen und beweisen. Außerdem verwahrte sich Hoffmann in einem Essay „Einfache Möbel" heftig gegen jedes Kopieren von Details, was ihm zutiefst gegen die eigene Kreativität ginge, wie sehr man Vorbilder auch bewundere.[5]

Josef Hoffmann war ein visuell geprägter Mensch, der sich auf Reisen insbesondere nach Italien sehr von dort vorfindlichen Bauwerken beeinflussen ließ. Und schon früh hatte das Genie, das im Alter von 29 Jahren eine Professur übertragen bekommen hatte, von der Verwirklichung eigener Gesamtkunstwerke geträumt, bei denen „alles aus einer Hand" käme. Mit der Familie Wittgenstein war Hoffmann auf Gesinnungsgenossen gestoßen, die die finanziellen Möglichkeiten hatten, Ideen in die Tat umzusetzen oder auch umsetzen zu lassen, und darin ließen sie Hoffmann ziemlich freie Hand.

Zu seinen italienischen Reiseskizzen schrieb Hoffmann selbst:
„Das Beispiel von Volkskunst, wie solche tatsächlich hier in diesen einfachen Landhäusern besteht, ist auf jedes unbefangene Gemüt von großer Wirkung und läßt uns immer mehr fühlen, wie sehr wir bei uns zuhause daran Mangel leiden ..."[6]

1897 bereits hatte Hoffmann in einer kurzen Abhandlung über die volkstümliche Architektur der Insel Capri erklärt: *„Hoffentlich wird auch bei uns einmal die Stunde schlagen, wo man die Tapete, die Deckenmalerei wie die Möbel und Nutzgegenstände nicht beim Händler, sondern beim Künstler bestellen wird."* [7]
Diesen Wunsch erfüllte ihm Paul Wittgenstein bereits zwei Jahre später bei der Adaptierung eines kleinen Landhauses („Bergerhöhe") in der Nähe von Hohenberg. Und er blieb ihm Zeit seines Lebens als Auftraggeber treu, da er dessen konsequente Art, eine Auftragsarbeit vollkommen durchzugestalten, überaus schätzte und sich gerne in derlei privaten Räumlichkeiten aufhielt.

Hoffmann wollte verwirklichen, was dem secessionistischen Ideal entsprach, über das Hermann Bahr im Frühjahr 1898 geschrieben hatte: „*...daß*

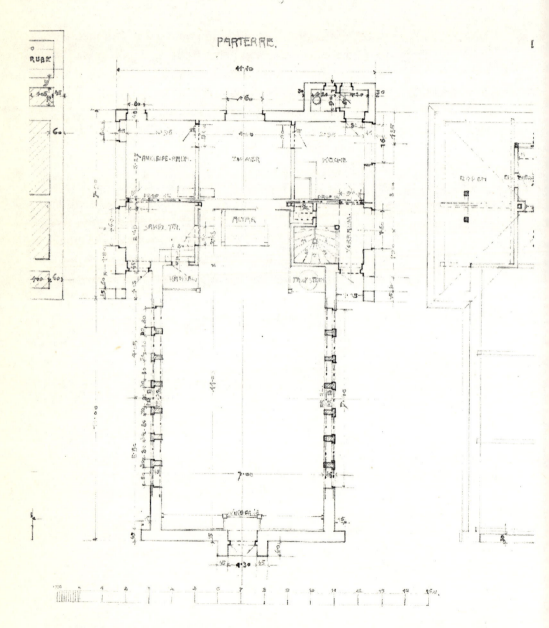

Ausschnitt aus dem Bauplan Waldkirche St. Aegyd, J. Hoffmann WV 74 (Originalgröße ca. 450 x 300 Milimeter)

Evang. Pfarramt Traisen

ein Zimmer ... etwas Seelisches äußern soll, jedes Ding in einem Zimmer muß wie ein Instrument in einem Orchester sein, der Architekt ist der Dirigent, das Ganze soll eine Symphonie geben ..."[8] Ein solches Zimmer, oder treffender gesagt, einen sakralen Kultraum ersten Ranges hatte Hoffmann in seiner Gestaltung der Räume für die 14. Ausstellung der Secession hauptsächlich für die Präsentation der monumentalen Statue „Beethoven" des Leipziger Bildhauers Max Klinger geschaffen. Da dies 1902 stattfand, mussten die Pläne und Vorbereitungen dafür schon wesentlich früher vorgelegen haben.

Maria Marchetti beschreibt das Erlebnis des Weges in diese Räume so: *„Der von Hoffmann geschaffene Raum oder vielmehr der Weg der Initiation bereitet den Besucher auf das große Erlebnis vor, indem man ihn hinaufsteigen und enge Pforten durchschreiten läßt, um ihn aus der Ferne das in die Mitte des Hauptraumes gestellte Werk erblicken zu lassen. Aber bevor er sich ihm nähern kann, das in den Glanz eines rein weißen Raumes getaucht ist – auch hier befinden wir uns in einem Crescendo der Gefühle, einem Vorwärtsschreiten auf die Reinheit, auf das Sakrale zu, tatsächlich ist der Verputz der umliegenden Räume leicht gelblich getönt –, muß der Besucher ... hinabschreiten ... um nach der engen Pforte ... in den mittleren Raum zu gelangen ...*" [9] Wenngleich die Ausführungen Marchettis hier stark gekürzt sind, sind sie sehr wohl auch eine treffende Beschreibung des vergleichbaren Weges in das Innere des Waldkirchleins. Der Maler Ernst Stöhr, für den Hoffmann eigens 1898 eine grün gebeizte Atelliereinrichtung für das Haus in St. Johann am Wocheinersee schuf, die sich nunmehr im Besitz des Museums für Angewandte Kunst befindet, beschrieb das ordnende Ausstellungskonzept mit folgenden Worten: *„Ein einheitlicher Raum sollte vorerst geschaffen werden, und Malerei und Bildhauerei diesen im Dienste der Raumidee schmücken."* [10]

Was geschah in der Secession? Der Raum wurde demnach durch „Wände" begrenzt, mit einfachen Flächenfeldern, glatt oder mit Raupputz bedeckt, weiß gestrichen, in die in der Art von „Fenstern", die „Fenster der Kunst" sein sollten und Platz böten für Bildhaftes, das „Platten" gleichsam in einem Raum, der voller konstruktiver Spannung war und der sonst nur durch die freiliegenden, herausragenden Mauersimse und -träger geprägt wurde.

Betritt man nun die Waldkirche, drängt sich der Vergleich mit dem beschriebenen „sakralen" Ausstellungsraum in der Secession 1902 nahezu auf. Der in verputztem Ziegelmauerwerk ausgeführte Bau besteht aus einem einschiffigen Kirchenraum mit einer Altarnische. Dahinter grenzten Räume für

Aktuelle Innenansicht: Auf dem Altartisch steht ein Altarkreuz von 1953 nach dem liturgischen Konzept von Friedrich Mauer, das Altargemälde von Erwin Schneider (1952) ist für dieses Bild absichtlich „entschärft".

den Pfarrer, eine Sakristei, und es war wohl oberhalb des Altarraumes eine Empore konzipiert, die aber nie ausgeführt wurde. Ursprünglich war im Altarbereich der Blick auf das dachtragende Gebälk frei.

Das steile Satteldach war von Anfang an ziegelgedeckt und hinten, wo sich der Baukörper in einen Wohntrakt etwas verbreitert, abgewalmt. Nach vorne hin war es durch einen spitzen Dachgiebel abgeschlossen, hinter diesem ragt noch ein achteckiger, überkuppelter Dachreiter als Glockenträger empor, der von einem hohen Kreuz

bekrönt wird. Der Eingang in der Mitte der Fassade wird von zwei Mauerpfeilern umrahmt, die im rechten Winkel zur Fassade stehen und ein segmentbogiges Dach tragen. Darüber sind zwei schmale, hohe Fensterschlitze gesetzt, so dass sie als „Grund" für eine „Figur" wahrgenommen werden, die der Widmung des Baues entsprechend ein Kreuz ist. Auf die äußere, blau gestrichene Eingangstür mit ihren schönen Messingbeschlägen, die auch ein „Quadratlmuster" tragen, folgt eine innere Holztüre, die mit einer sehr einfachen Zierverglasung versehen ist.

Licht fällt von beiden Längsseiten in den Kirchenraum und von hinten durch die Fensterschlitze in der Fassade. Je sieben Fenster, fast quadratisch, mit einem kleinen trapezförmigen Giebelteil haben je zwei Flügel und im obersten Viertel eine schräg angesetzte Sprosse, wodurch eine Art lineare Zickzackwirkung erzielt wird. Die Fensterrahmenverkleidung ist oben in der Mitte durch vier kleine eingelassene Quadrate ornamentiert, die symbolisch ein Kreuz bilden.

Der Raum aber wird durch die sichtbaren Teile der Dachbinder beherrscht, die quer durch den Oberteil des Kirchenschiffes laufen und durch ihre Anordnung, ihre Abstände die Tiefenwirkung des Raumes intensivieren. Etwa in der Hälfte der Dachschräge ist eine Decke eingezogen, somit erscheint das Profil der Kirche als ein Rechteck, auf das ein Trapez gesetzt ist. Die Balken sind nicht gehobelt, sondern stammen direkt aus dem Sägewerk. Sie wurden, wie die ganze übrige Einrichtung, im „Wiener Werkstätte-Blau" gestrichen. Die Sitzbänke, Stühle, Altar und Kanzel sind in einfachster Weise gestaltet, und es findet sich in ihnen vielfach das „Quadratl", jene vier kleinen Quadrate, die ein Kreuz symbolisieren sollen, wie auch die Bankenden in Form eines Kreuzes ausgeführt sind.

Der Blick fällt aber nicht nur auf die im besagten Blau gestrichenen Holzteile, sondern auch auf die weißen Flächen, in denen – von H. Bruckmüller im Stil eines Leopold Forstner gemalt – beidseitig der Apostel Paulus, der Evangelist Johannes und die Reformatoren Luther, Melanchton, Zwingli und Calvin zu betrachten sind. Wie Bilder in schlichten Goldrahmen strukturieren sie die leeren, schrägen Wandflächen, und man sieht gerne hin, obwohl sie leicht monumental wirken.

Etwas unharmonisch mit der sonstigen behaglichen Nüchternheit des Kirchenraumes wirkt das von Erwin Schneider 1952/53 aufgebrachte große Altarbild „Verklärung Christi". Es sollen die Farben,

Beispiel für die Bilder an den schrägen Deckenflächen: Apostel Paulus, der vermutlich wegen seiner konsequenten Theologie besondere Achtung in der Familie Wittgenstein genoss.　K.J. Romanowski

heute pastellartig, so grell gewesen sein, dass die Frau des damaligen Pfarrers und niederösterreichischen Superintendenten, Brunhilde Mauer, diese mittels Abwaschens mit nassen Tüchern gemildert hat. Für den Altarraum hatte 1902 der Obmann des Bauauschusses, Adolf Schmid-Schmidsfelden, in einem Wiener Antiquariat ein Kruzifix erworben, das in Abstimmung mit dem Hoffmannschen Entwurf restauriert worden war. Dieses Altarkreuz wurde 1953 nach dem liturgischen Konzept Friedrich Mauers so in das Dachgebälk versetzt, dass der Kirchenbesucher unter dem Kreuz des Karfreitags hindurch zum Wunder der Auferstehung gelangen soll. Das heute vorfindbare Altarkreuz stammt aus den Jahren 1952/53 und weist ebenfalls auf den Auferstandenen hin.

Taufstein mit dem gewölbten Messingdeckel
K.J. Romanowski

Im angeschlossenen Wohntrakt, ursprünglich wohl als Sommerwohnung für den St. Pöltner Pfarrer gedacht, wurde 1923 das Dachgeschoß ausgebaut, die Treppe dafür war schon vom geplanten Emporenteil vorhanden. Das Licht, das durch zwei von Dachgaupen besattelte Fenster ursprünglich in den Altarraum fallen hätte sollen (oder auch eine Zeit lang fiel), kam nunmehr dem erschlossenen zusätzlichen Wohnraum zugute. Wegen unbefriedigender Wirkung wurde der rechts neben dem Altarraum versetzte Kachelofen abgetragen. Damit wurde diese Ecke entgültig für den Taufstein aus Dalmatiner Marmor mit seinem aus Messing gehämmerten Deckel frei. Viele Gebrauchs- und Ziergegenstände der Künstler der Wiener Werkstätte erhielten diese Oberfläche, da sie auch ansonst plumpen Gefäßformen eine bisher ungewohnte Eleganz gab und das Metall sich auch „mit den Händen sehen" lässt. Dieser Deckel hat einen Kugelgriff, wie er für Hoffmann und Kolo Moser typisch ist.

Eine Kniebank für die Austeilung des Heiligen Abendmahles ist auch noch mit einer so genannten „Wachstuchbespannung" versehen, einer Möglichkeit, die man damals gerne nutzte, um Türfüllungen von Möbeln oder Sitzflächen schonend zu bedecken.

Sekler erwähnt, dass der Farbton der Wände bei der Renovierung 1952/53 durch Tönung in leichtem Ockerton etwas verändert worden sei, jedenfalls wurde bei der Außenrenovierung 1999/2000 versucht, das ursprüngliche Weiß wieder herzustellen.

Wenn Hoffmann auf Hygiene und Sauberkeit großen Wert legte – wie er auch in „seinem" Sanatorium in Purkersdorf die Reinheit der Hände des Personals kontrollierte und der überwiegende Teil der Innen- und Außenwände in reinstem Weiß gehalten war – liegt es nahe, dass er auch in der Waldkirche kein Abweichen von diesem Farbton gestatten wollte. Es sei aber auch erwähnt, dass die Fensterumrandungen in Purkersdorf durch blaue Kacheln denselben farblichen Kontrast herzustellen vermochten, der zwei Jahre zuvor durch das Einfärben der Fensterrahmen in St. Aegyd schon von weitem so anziehend gewirkt hatte und neugierig machte, sich die Kirche anzusehen.

Hatte Hoffmann einer gewissen Sehnsucht nach Geborgenheit, nach einem bestimmten „Wohngefühl" Ausdruck gegeben, als er von Capri erzählte, so scheint die Waldkirche eine gelungene Umsetzung dieser seiner Anliegen und Bedürfnisse.

Zur dominierenden Farbe „Blau" können nur Vermutungen geäußert werden: Im Mittelmeerraum ist Blau sicher eine Farbe, die voll zur Geltung kommt. Aber das Blau-Weiß der Kirche steht z.B. an einem sonnigen Sommertag hier in einem harmonischen Kontrast zum Grün der umgebenden Wiesen und Waldbäume sowie zum Rot des Ziegeldaches und kann das Blau des Himmels unterstreichen. In der Glastechnik der böhmischen Glasindustrie – oder besser gesagt, der böhmischen Glashütten wurde die Blaufärbung liebend gern eingesetzt, um aus mehreren Glasschichten – so genannten „Überfängen" – Glasfelder in geometrischer Form, mit Rauten- oder Trapezverzierung herauszuschleifen. Und auch „Schälschliffe" erfreuen sich bis heute großer Beliebtheit, also dickwandiges Glas, einfärbig, in bestimmter Form geschliffen. Und auch das Quadrat war – oder ist sogar – angesichts produzierter Repliken – ein beliebtes Stilmittel. In der Mobiliar- und Raumgestaltung Hoffmann's ist es zugleich als ein „Markenzeichen" zu betrachten.

Nicht nur die Formgebung eines „einfachen Möbels", sondern auch der Beizton sollte die Wirkung einer Einrichtung unterstreichen. Das „Wiener Werkstätten-Blau" erfreute sich auch unter Künstlern großer Beliebtheit, wie auch eine Einrichtung belegt, die von Josef Hoffmann 1905 anlässlich der Hochzeit Gustav Siegels geschaffen wurde. Sie ist heute im Privatmuseum der Galerie Ambiente Am Lugeck in Wien 1 zu besichtigen.

Schon 1898 verwendete *Hevesi* den Ausdruck *„Brettlstil"* und zollte Hoffmann damit Beachtung als einem Wegbereiter früher moderner Architektur, der Formen auf schlichte Einfachheit reduzierte und damit im Gegensatz zur ansonsten herrschenden floralen und organischen Ausschmückung jeglicher Gestaltung stand.

Stuhl aus der Sakristei   K.J. Romanowski

Es mag schon zutreffen, dass die Geometrie für Hoffmann etwas Entscheidendes geworden war, im Bemühen, dem Kunsthandwerk, der Formgebung von Gebrauchsgegenständen ein neues „Design" zu geben und sich so von Ideen der „Arts und Crafts-Bewegung" und japanischer Flächengestaltung inspirieren zu lassen. Die Gegensätze von heller und dunkler Materie, von kontrastierenden Flächen bestimmen die konstruktive Qualität des Räumlichen.

Eine gewisse gefühlsbezogene Ausgeglichenheit lässt sich in diesem Kirchenraum spüren. Sie ist wohltuend, sie kann einen innehalten lassen, wenn man sich darauf einlässt. Man selbst wird dabei nicht wichtig, sondern nur der, auf den der Blick, der innere Blick, gelenkt wird, und für den das Kreuz das Zeichen ist.

Wittgenstein, Auftraggeber für den Entwurf der Kirche, wie auch der Architekt und Künstler Hoffmann, haben nicht viel Aufhebens gemacht um ihr Kunstwerk Waldkirche. Aus dem Umfeld jener Entstehungszeit sind Bauwerke weltberühmt geworden, die dieselben Stilmerkmale wie die Kirche in St. Aegyd aufweisen und vielleicht auch teilweise aus den Erfahrungen mit dieser Bauweise profitierten. Das Sanatorium Purkersdorf zum Beispiel, der Ausstellungsraum in der Secession und anderes mehr. Nur wurde die „Werbung" für deren Bekanntheitsgrad auch aufgrund wirtschaftlicher Notwendigkeiten ganz anders betrieben, als es die Umstände für einen Gottesdienstraum erforderten.

Die architektonisch-künstlerische Bedeutung des Gotteshauses wird bis heute wohl zu Unrecht unterschätzt, und damit auch die überaus lehrhafte Absicht, zu verdeutlichen, was ein Kirchenraum sein könnte. Aber das, genau das, kann man erahnen, schon gleich nachdem man diesen Raum betreten hat. Ein „Zimmer" meines Weges zu mir selbst, zu Gott, im Zeichen des Kreuzes.

Altar-Christus von 1903. Entdeckt und gekauft von Moritz Schmid-Schmidsfelden im Antiqitätengeschäft Gabriel Pichler, Schwarzenbergstraße, Wien, und restauriert in der Werkstätte Adolf Falkenstein, k.k. Hof-Dekorationsmaler, Wien VIII, Josefstädterstraße 29 (nach einem Brief M. Schmid-Schmidsfelden, datiert Wilhelmsburg 14.XI.1903).   Foto K.J. Romanowski

Nach einem Festgottesdienst, ca. 1913

Literaturangaben und Quellen

A) Veröffentlichte Druckwerke
Nachschlagewerke, Bücher und Einzeldarstellungen

Bernhard Raupach „Erläutertes Evangelisches Österreich, Oder: Zweyte Fortsetzung der Historischen Nachricht von den vornehmsten Schicksahlen der Evangelisch-Lutherischen Kirchen in dem Ertz-Hertzogthum Österreich.", Hamburg 1738, S. 239ff

Evangelische Gemeinde A.u.H.B. St. Pölten Bericht 1901

Evangelischer Bund, Ausweisung und Nichtbestätigung evangelischer Geistlicher in Österreich 1899–1904, Leipzig, 1905

Georg Loesche „Geschichte des Protestantismus im vormaligen und im neuen Österreich" 3. Aufl., Leipzig 1930

Hermann Gunkel/Leopold Zscharnack (Hg.), Die Religion in Geschichte

und Gegenwart, Auflagen 1912 u. 1927

Ottokar Janetschek, Der Raxkönig, Wien 1929

Durchführungserlaß des Bundesministeriums für Unterricht zur Verordnung vom 16.8.1933, BGBL Nr. 379

Peter Herzog, St.Johann in der Wüste, Leipzig 1935

Robert Kauer sen., Die Gegenreformation in Neu-Österreich, Zürich 1936

Ernst Siegfried Denzel, 50 Jahre Evangelische Pfarrgemeinde St. Pölten, St. Pölten 1950

Hans Georg Jaquemar, Innere Mission, Wien 1951

Friedrich Mauer, Festschrift 50 Jahre Evang. Waldkirchlein St. Aegyd a.N, 1953

Max Monsky, Im Kampf um Christus Wien-Mödling 1956

Gedenkschrift zur Erinnerung an Hans Georg Rudolf Stroh, o.O. 1967

Karl Bachinger, Der Niedergang der Kleineisenindustrie in der N.Ö. Eisenwurzen, Wien 1972

Franz Lettner, Arbeiterbewegung im Bezirk Lilienfeld, Ortsorganisation Traisen der SPÖ, 1972

Walter Kleindel, Österreich-Daten, Wien 1976

Oskar Sakrausky (Hg.), Die Evangelische Kirche in Böhmen, Mähren und Schlesien 1926–1928 Wien 1980

Manfred Riss, Die Fenster bleiben rund, Berndorf, 1982

Eduard F. Sekler: Josef Hoffmann – das architektonische Werk, Wien, 1982

Karl-Jürgen Romanowski (Hg.), 12. Juni 1983 Festschrift 80 Jahre Evangelisches Waldkirchlein St. Aegyd (1903-1983), Traisen 1983

Hermann Rassl, 200 Jahre Evangelische Gemeinde A.B. Wien, Wien 1983

Günter Richter, Der Holzknecht in Niederösterreich, Wien 1984

Wilhelm Baum, Ludwig Wittgenstein, Berlin 1985

Frank Honegger, Geschichte der Evangelischen Pfarrgemeinde Mitterbach, Ndr. 1985

Albert Massiczek, Ich war Nazi, Wien 1988

Sylvia Hahn/Wolfgang Maderthaner/Gerald Sprengnagel: Aufbruch in der Provinz, Wien 1989

Dtv-Brockhaus-Lexikon, Mannheim 1989

H. Patzelt: Geschichte der Evangelischen Kirche in Österreichisch – Schlesien, Dülmen 1989

Barbara Waß, Mein Vater, Holzknecht und Bergbauer, Wien 1989

Norbert Ortmayr/Richard J. Pucher, Knechte, Wien 1991

Volkszählungsergebnisse, Österreichisches Statistisches Zentralamt, Wien 1992

Otto Mörtl, Evangelische Holzknechte vom Ötscher bis zur Rax, Bad Vöslau 1992

Anita Lackenberger/Johann Mühlbauer, Geschichte der Arbeiterbewegung im Bezirk Lilienfeld, Lilienfeld 1995

Johannes Dantine u.a., Evangelisch – das Profil einer Konfession in Österreich, Evangelische Akademie, Wien 1995

Stefan Grotefeld, Friedrich Siegmund-Schultze, Gütersloh 1995

Kurt Wuchterl/Adolf Hübner, Wittgenstein, Rowohlt-Verlag Reinbeck b. Hamburg 1996

Brigitte Hamann, Hitlers Wien, München 1996

Anna Madlmayr, „.... und trotzdem war es eine schöne Zeit", Gösing am Wagram 1997

Martin Greschat (Hg.), Personenlexikon Religion und Theologie, Göttingen 1998

Georg Denzler/Volker Fabricius, Christen und Nationalsozialisten, Göttingen 1998

Glaube und Heimat, Evangelischer Kalender für Österreich, Evang. Presseverband Wien, Jahrgänge 1982–1999

Walter Pusch, Evangelisches Waldkirchlein St. Aegyd, Traisen 2000

Harmjan Dam, Der Weltbund für Freundschaftsarbeit der Kirchen, Frankfurt/M 2001

Beiträge in Sammelbänden und Zeitschriften

A.Trappen, Das Wittgensteinsche Feinblechwalzwerk, Stahl und Eisen 12 (1892), S. 999–1000

Kozenns geographischer Atlas für Mittelschulen, Wien 1908

Heinrich Kinzelmann, Was verspricht der Unterricht im Freien, Schaffende Kunst in der Schule 1913

Georg Günther, Karl Wittgenstein und seine Bedeutung für ... die Österr. Volkswirtschaft, in Neue Österreichische Biographien, Wien 1927

Wilhelm Dantine sen., Wir und unser Staat, Evangelischer Studententag Leoben, Wien 1955

Walter Sachs, Ein Stiller im Lande – zum 75. Geburtstag Heinrich Kinzelmanns, in Erziehung und Unterricht 111 (1961) 10, S. 623 ff

Fritz Neuman, Die Entstehung der Industrie im Bezirk Lilienfeld, Heimatkunde Lilienfeld, 1. Band 1960

Alois Aitzetmüller, Der Arbeiter im Bezirk Lilienfeld, Heimatkunde Lilienfeld, 2. und 3. Band 1963 und 1964

Herbert Matis, Die industriellen Anfänge im Viertel unter dem Wienerwald, in Unsere Heimat, Verein f. Landeskunde von Niederösterreich und Wien, 1966

Karl Klemisch, Werksgruppe St. Aegyd-Furthof, in 100 Jahre Böhler Edelstahl, Wien 1970

Georg Traar, Das älteste diakonische Werk im evangelischen Österreich, in „Die Saat", Wien 1972

Herbert Patzelt, in Jahrbuch für Geschichte des Protestantismus in Österreich 88, Wien 1972

„Die Pfarren der Diözese St. Pölten. Ein geschichtlicher und kunstgeschichtlicher Wegweiser", hg. v. Pastoralamt, I, II, St. Pölten o.J. (1972)

Gustav Otruba, Neue Forschungen zur Geschichte der Wirtschaft und Gesellschaft in Niederösterreich unter Maria Theresia, Josef II. und Leopold II. in Unsere Heimat, Verein für Landeskunde von Niederösterreich und Wien, 1980.

Hermann Watzl SOCist (Hg.), „Flucht und Zuflucht. Das Tagebuch des Priesters Balthasar Kleinschroth aus dem Türkenjahr 1683" ,Forschungen zur Landeskunde von NÖ, 8, 2. Aufl., Graz-Köln 1983, v.a. S. 39ff.

Herbert Unterköfler, Zwischen zwei Welten in: Geistiges Leben im Österreich der 1. Republik, Wien 1986

Wilfried Posch, Die Österreichische Werkbundbewegung 1907–1928 in: Geistiges Leben im Österreich der 1. Republik, Wien 1986

Eduard Böhl, „Burg Hohenberg (Ein Beitrag zur niederösterreichischen Reformationsgeschichte)" In: Jahrbuch für Geschichte des Protestantismus in Österreich 8/1987, S. 45ff

Robert Kauer, „Bilanz für die Zukunft" in „Standpunkte 19" der Politischen Akademie der ÖVP, 1989

Rudolf Zinnhobler (Hg.), „Die Passauer Bistumsmatrikeln", Band 5, Das östliche Offizialat, die Dekanate südlich der Donau (Neue Veröff.d.Inst.f.Ostbair. Heimatforschung 48b), Passau 1989

Alois Plesser, „Zur Kirchengeschichte des Viertels ob dem Wienerwald vor 1627" In: Geschichtliche Beilagen zum St. Pöltner Diözesanblatt, v.a. Bd. 15. S. 5f (St. Aegyd), 99 (Annaberg), 248 (Eschenau), 478 (Hainfeld), 595 (Kaumberg), 649 (Kleinzell), 16. Band, S. 63 (Lilienfeld), 558 (Ramsau); 17. Band, S. 86 (Schwarzenbach), 265 (Traisen), 279 (Türnitz), 348 (St.Veit/Gölsen).

Karl Schwarz: Evangelische Mandatare im Ständestaat 1934–1938, Jahrbuch für Geschichte des Protestantismus in Österreich 107/108 Wien 1992

Karl-Jürgen Romanowski, Evangelische Information der Pfarrgemeinde A.u. H.B. St. Aegyd/N, Nr. 40, 1993

Uwe Langer, Berg- und Hüttenmännische Monatshefte 1995, S. 418 bis 426. Springer-Verlag, Wien

Gustav Reingrabner, „Gegenreformation in Niederösterreich – das Protokoll der Reformationskommission für das Viertel ober dem Wienerwald von 1657 bis 1660", in Jahrbuch für die Geschichte des Protestantismus in Österreich 113/1997, v.a. S. 74, 100ff, 106ff

Martin Scheutz/Kurt Schmutzer, in Unsere Heimat, Jhg. 1997, S. 306–334

Stadtgemeinde Lilienfeld, Kalender 2000, Lilienfeld 1999

Erika Walter, Der Millionenzauberer, Waldmark, Lilienfeld 2/2000

Michael Dippelreiter (Hg.), Niederösterreich, Land im Herzen, Land an der Grenze. Geschichte der österreichischen Bundesländer seit 1945 Wien-Köln-Weimar 2001

Jörg Lusche, Kirche im Krieg, der zweite Weltkrieg im Spiegel der Ortsgemeinde A. u. H.B. St. Aegyd am Neuwald, Hausarbeit für das Examen pro ministerio, Wien, 2001

Friedrich Mauer/ Gustav Reingrabner/Walter Pusch, Der Protestantismus im Bezirk Lilienfeld, Heimatkunde Lilienfeld, 4. Band, 2. Auflage 2002 S. 13–64

Franz Klingler, Volksschule Hohenberg, in Heimatkunde des Bezirkes Lilienfeld. 4. Band, 2. Auflage 2002. S. 91–107

B. Nicht öffentliche Archive und Aufzeichnungen

Evangelische Pfarrgemeinde Mitterbach, Matrikenbücher

Evangelische Pfarrgemeinde St. Pölten, Matrikenbücher

Evangelische Pfarrgemeinde St. Aegyd a. N., Matrikenbücher

Archiv des Evangelischen Pfarramtes St.Pölten

Schulchronik Ulreichsberg, Volksschule St. Aegyd

Moritz Schmid v. Schmidsfelden, Briefe an Pfarrer Stöckl 1902 bis 1904, Archiv Evangelische Pfarrgemeinde St. Pölten

Karl Wittgenstein/Adolf Trenkler, Briefe an Pfarrer Stöckl 1903 und 1904, Archiv Evangelische Pfarrgemeinde St. Pölten

Erwin Denzel, Brief an die Evangelische Pfarrgemeinde St. Aegyd, 1927

Heinrich Kinzelmann, Meine politische Entwicklung, 1895–1946

niedergeschrieben 1946. Evangelisches Pfarramt St. Aegyd

Heinrich Kinzelmann, Erinnerungsschrift für seinen Enkel Werner Weinstabl, 1953

Rudolf Kirchschläger, Ansprache des Bundespräsidenten zur Festsynode der Evangelischen Kirche Österreichs am 12. Oktober 1981.

Gerhard Pomberger+, Kernhof, Mein Heimatort Ulreichsberg, 1989

Gerhard Pomberger+, Kernhof, Die Schulen von St. Aegyd, 1989

Karl Schiefermair, Religionsunterricht in der Diözese Niederösterreich, Schuljahr 1998/99

Konrad Steiner, Türnitz, persönliche Mitteilung 1999

C. Persönliche Mitteilungen an den Autor

Hertha Pollak+, geb. v. Neuman (1889–1969), Lilienfeld, ca. 1959

K.-J. Romanowski, Ein-und Ausstrittsstatistik 1923–1998 der Evangelischen Pfarrgemeinde St. Aegyd, persönliche Mitteilung, Archiv des Evang. Pfarramtes St. Aegyd, 1998

Peter Karner, Landessuperintendent H.B., Wien, 1998

Cäcilia Mühlbauer, Traisen, 1998-2003

Johann Mühlbauer, Traisen, 2002

Hans Pallwein+, Traisen, 1999

Angaben der Bezirkssekretariate Lilienfeld von ÖVP und SPÖ sowie der Evangelischen Pfarrämter Mitterbach und St. Aegyd 2000

Angaben des Meldeamtes der Stadt Lilienfeld 2000

Wolfgang Köhler, Hohenberg, 2002

Helmut Wallner, Lahnsattel, 2002

Walter Lichtenegger, Lilienfeld, 2002

Elisabeth Raymann, Wien, 2002–2003

Leopold Weber, St. Aegyd, 2002–2003

Matthias Edelbacher, St. Aegyd, 2002–2003

Lieselotte Kain, Wien, 2003

Werner Schnabl, Wien, 2003

Lieselotte Sonnleitner-Wunder, Tullnerbach, 2003

Hans, Christian u. Klaus Jaquemar (Nendeln, Linz, St.Pölten), 2002–2003

Brigitte und Hans Kretz, Hinterbrühl, 2002–2003

Elisabeth Stökl, Wien, 2002

Erich Stroh, Amstetten, 2002–2003

Ulrich Stroh, Wien, 2002

Renate Wetjen, Hall i.T., 2002–2003

Jürgen Schmidt, Knittelfeld, 2002–2003

Wolfgang Schmidt, Salzburg, 2002

Werner Weinstabl, Hohenberg, 2002–2003

Margarete Schickendantz, geb. Kinzelmann, Köln, 2003

Karl-Peter Schickendantz, Köln, 2003

D. Literaturangaben zu besonderen Kapiteln

(Einschließlich Doppelnennungen)

Pusch, Vorbemerkungen zu Heinrich Kinzelmann, 1886 bis 1972

Literaturhinweise und Quellen zu den Anmerkungen:

Kozenns geographischer Atlas für Mittelschulen, Wien 1908

Brigitte Hamann, Hitlers Wien, München 1996

Dtv-Brockhaus-Lexikon, Mannheim 1989

Otto Mörtl, Evangelische Holzknechte Rax-Ötscher, Bad Vöslau 1992

Hermann Gunkel, Leopold Zscharnack (Hg), Die Religion in Geschichte und Gegenwart, Auflagen 1912 u. 1927

Oskar Sakrausky (Hg.), Die Evangelische Kirche in Böhmen, Mähren und Schlesien 1926–1928, Wien 1980

Stefan Grotefeld, Friedrich Siegmund-Schultze, Gütersloh 1995

Herbert Patzelt, Der Protestantismus im Teschener Schlesien in Vergangenheit und Gegenwart und seine Bedeutung für die evangelische Kirche in Österreich, in: Jahrbuch für die Geschichte des Protestantismus in Österreich 88 (1972), S. 169–183.

Walter Kleindel, Östereich-Daten, Wien 1976

Georg Denzler, Volker Fabricius, Christen und Nationalsozialisten, Göttingen 1998

Martin Greschat (Hg.), Personenlexikon Religion und Theologie, Göttingen 1998

Friedrich Mauer, Festschrift, St. Aegyd 1953

Norbert Ortmayr/Richard J. Pucher, Knechte, Wien 1991

Evangelischer Bund, Ausweisung und Nichtbestätigung evangelischer Geistlicher in Österreich 1899–1904, Leipzig, 1905

Albert Massiczek, Ich war Nazi, Wien 1988

Harmjan Dam, Der Weltbund für Freundschaftsarbeit der Kirchen, Frankfurt/M 2001

Jahrbuch für die Geschichte des Protestantismus in Österreich 107/108 (1991/92), Wien 1992

Schulchronik Ulreichsberg, Volksschule St. Aegyd

Archiv Pomberger+, Kernhof, Mein Heimatort Ulreichsberg, priv., 1989

Archiv Pomberger+, Kernhof, Die Schulen von St. Aegyd, priv. 1989

Helmut Wallner, Lahnsattel, pers. Mitteilung

Walter Lichtenegger, Lilienfeld, pers. Mitteilung

Evang. Pfarrgemeinde St. Aegyd a.N., Matrikenbücher

Schwarz, Ein nachdenklicher und zum Nachdenken anregender Zeitzeuge

Heinrich Kinzelmann, Aus meinem Leben: Meine politische Entwicklung. Geschrieben nach meiner Entlassung aus dem Kreisgerichte St. Pölten und im Anhaltelager Lilienfeld im Februar und März 1946, hrsg. und kommentiert von Walter Pusch, Wien 2003 = in diesem Band, S. 43 ff.

Wilfried Aichinger/Gerhard Jagschitz/Gottfried Stangler, Die Stunde Null – Niederösterreich 1945, Wien 1975.

Ernst Bruckmüller, Sozialgeschichte Österreichs, Wien-München ²2001.

Ernst Denzel, Zustandsbericht des Niederösterreichischen Seniorates (1947), abgedruckt als Anhang zu: Gustav Reingrabner, Ein langer Weg. Kirchenleitende Strukturen des Protestantismus in Niederösterreich seit 1781, in: Unsere Heimat. Zeitschrift für Landeskunde von Niederösterreich 68 (1997) 1, S. 28–43 (S. 40–43).

Michael Dippelreiter (Hg.), Niederösterreich. Land im Herzen – Land an der Grenze = Geschichte der österreichischen Bundesländer seit 1945, Wien-Köln-Weimar 2001.

Franz Klingler, Volksschule Hohenberg, in: Heimatkunde des Bezirkes Lilienfeld Bd. IV, Lilienfeld ²2002, S. 91–107.

Jörg Lusche, „Kirche im Krieg“: Der zweite Weltkrieg im Spiegel der Ortsgemeinde A.u.H.B. St. Ägyd am Neuwald = Hausarbeit für das Examen pro ministerio Wien 2001.

Walter Manoschek, Verschmähte Erbschaft. Österreichs Umgang mit dem Nationalsozialismus 1945 bis 1955, in: Reinhard Sieder/Heinz Steinert/Emmerich Tálos (Hg.), Österreich 1945–1995. Gesellschaft – Politik – Kultur = Österreichische Texte zur Gesellschaftskritik 60, Wien 1995, S. 94–106.

Friedrich Mauer/Gustav Reingrabner/Walter Pusch, Der Protestantismus im Bezirk Lilienfeld, in: Heimatkunde des Bezirkes Lilienfeld Bd. IV, Lilienfeld ²2002, S. 13–64.

Gustav Reingrabner/Karl Schwarz (Hg.), Quellentexte zur österreichischen evangelischen Kirchengeschichte zwischen 1918 und 1945 = Jahrbuch für die Geschichte des Protestantismus in Österreich 104/105, Wien 1989.

Karl-Jürgen Romanowski (Hg.), 12. Juni 1983. Festschrift 80 Jahre evangelisches Waldkirchlein St. Aegyd a. N. (1903–1983), St. Aegyd 1983.

Walter Sachs, Ein Stiller im Lande – Zum 75. Geburtstag Heinrich Kinzelmanns, in: Erziehung und Unterricht 111 (1961) 10, S. 623 f.

Karl Schwarz, „... Wie verzerrt ist nun alles!“ Die Evangelische Kirche und der Anschluss Österreichs an Hitlerdeutschland im März 1938, in: Gerhard Besier (Hg.), Zwischen „nationaler Revolution“ und militärischer Aggression. Transformationen in Kirche und Gesellschaft 1934–1939 = Schriften des Historischen Kollegs. Kolloquien 48, München 1999, S. 167–191.

Karl Schwarz, Der österreichische Protestantismus im politischen Diskurs des 20. Jahrhunderts, in: Amt und Gemeinde 53 (2002) H. 8/9, S. 170–184.

Karl-Reinhart Trauner, Die Los-von-Rom-Bewegung. Gesellschaftspolitische und kirchliche Strömung in der ausgehenden Habsburgermonarchie, Szentendre 1999.

Schlacht, Evangelische Walkirche St. Aegyd

1 Leopold Wolfgang Rochowanski, undatierter Briefentwurf nach Eduard F. Sekler: Josef Hoffmann, Wien 1982.

2 Eduard F. Sekler, Josef Hoffmann, Das architektonische Werk, Wien 1982.

3 Herbert Unterköfler, Zwischen zwei Welten, Anmerkungen zur kulturellen Identität der Evangelischen in Österreich. In: Geistiges Leben im Österreich der 1. Republik, Wien 1986.

4 Josef Hoffmann in: Zeitschrift „Dekorative Kunst", Wien 1900.

5 Josef Hoffmann, Essay: Einfache Möbel, in Zeitschrift „Das Interieur II", 1901.

6 Josef Hoffmann, Architektonisches von der Insel Capri. In: Der Architekt, Wien 1897.

7 ebda, nach Zitat Sekler, Seite 33

8 Hermann Bahr, Sezession Wien 1900. Wien 1900.

9 Maria Marchetti, Josef Hoffmann, ein Künstler zwischen Vergangenheit und Zukunft, Wien 1985.

10 Ernst Stöhr im Katalog zur 14. Secessionsausstellung 1902.

Ludwig Hevesi, Acht Jahre Secession, Wien 1906

P. Noever/O. Oberhuber, Josef Hoffmann. Ornament zwischen Hoffnung und Verbrechen, Wien 1987

Sabine Forsthuber, Moderne Raumkunst. Wiener Ausstellungsbauten von 1887 bis 1914, Wien 1991.

Leopold W. Rochowanksi, Josef Hoffmann. Eine Studie, Wien 1950

Siegfried Wichmann, Jugendstil Floral Funktional, Zürich 1984

Gabriele Fahr-Becker, Wiener Werkstätte 1903–1932, Köln 1994

Waltraud Neuwirth, Glas 1905–1925, Wien 1985

Werner J. Schweiger, Wiener Werkstätte, Kunst und Handwerk 1903–1932. Wien 1995